玄奘的丝绸之路

邢耀龙 著

人民文学出版社

图书在版编目（CIP）数据

玄奘的丝绸之路 / 邢耀龙著 . -- 北京 ：人民文学
出版社 ，2025． -- ISBN 978-7-02-019285-4

Ⅰ．B949.92

中国国家版本馆 CIP 数据核字第 2025YA7960 号

责任编辑　高宏州
装帧设计　黄云香
责任校对　杨益民
责任印制　董宏阳

出版发行　人民文学出版社
社　　址　北京市朝内大街166号
邮政编码　100705

印　　刷　涿州市京南印刷厂
经　　销　全国新华书店等

字　　数　165千字
开　　本　880毫米×1230毫米　1/32
印　　张　9.25　插页13
版　　次　2025年8月北京第1版
印　　次　2025年8月第1次印刷

书　　号　978-7-02-019285-4
定　　价　56.00元

如有印装质量问题，请与本社图书销售中心调换。电话：010-59905336

目　录

取经路上

玄奘的晚年与后世影响

序言　从唐僧到玄奘

　　《西游记》作为中国四大古典名著之一，是中国人最常读的文学作品之一，甚至，很多人对唐朝历史的了解就是从《西游记》开始的。

　　提起《西游记》中的主角唐僧，可谓是家喻户晓，尤其是电视连续剧《西游记》播出以后，唐僧取经的故事可以说是风靡全球。但因为《西游记》是浪漫主义长篇神魔小说，所以主角唐僧的身上自然拥有了许多光怪陆离的想象。在小说和电视剧中，唐僧是受唐太宗的派遣去西天取经的，出发的那一天，唐太宗率百官送出长安城外；动身之前封唐僧为"御弟"，赐雅号"三藏"，并赐以银骢白马、紫金钵盂、锦襕异宝袈裟、九环锡杖，发给他相当于现在出国护照的通关文牒，盖上了通行宝印，还送了两名长行侍者在路上侍奉他，那场面是何等的风光啊！可惜唐王派的两名侍者出了长安不远就被妖魔吃掉了，唐僧得到了神仙太白金星的救助脱险。随后收了孙悟空、猪八戒、沙和尚三个徒弟保驾，又有观音菩萨等神仙暗中相助，一路上虽说经历了诸多磨难，却都有惊无险，终于到达西天，见到了如来佛，取回了真经。

由于《西游记》的广泛传播，唐僧孱弱的形象和性格已经深入人心，但在读《西游记》的时候，你有没有这样问过自己：历史上真有唐僧这个人吗？如果有，历史上的唐僧究竟是怎样的一个人呢？

其实，历史上真有唐僧这个人物，他就是唐代著名佛学大师玄奘。历史上的玄奘并不是小说中的孱弱模样，而是一个智慧超群，而且勇猛精进的人。在真实的世界里，这位唐僧简直就是"孙悟空"的化身，他的身上充满着叛逆精神和无所畏惧的勇气。他敢于公然挑衅大唐的法律，冒着杀头的重罪偷越国境前往天竺取经。没有金刚不坏之身的他，勇于面对所有来自人为和自然的劫难，用一双简陋的草鞋走过了数万里的取经之路，其坚毅的精神胜过孙悟空的钢筋铁骨。到了今天，他不仅是我国和南亚各国友好往来和文化交流的象征，也是国际上学术界一致公认的杰出的旅行家、翻译家和佛教的宗教哲学理论家。他将自己在旅行中所亲身经历的一百多个国家的山川形势、历史沿革、风土人情、信仰物产等整理写成《大唐西域记》一书，成了研究中亚和印度、尼泊尔、巴基斯坦、孟加拉国、斯里兰卡等国古代历史地理以及从事考古工作的重要资料，对中亚和南亚国家的历史考证提供了巨大帮助。英国史学家文森特·阿瑟·史密斯的《牛津印度史》说："对于玄奘对印度历史的贡献，无论怎样评价也不会过高。"① 鲁迅先生更是把玄奘称为"中国的脊梁"。

从历史到小说，我们读到的是玄奘截然不同的两副面孔。真实世界里的玄奘对历史的意义远不止于此，他在佛教的发展、翻译学的进步和丝绸之路的开拓等方面都做出了重要的贡献，对唐朝历史的发展和世界政治格局的变化产生了深远的影响。但是，再伟大的人都抵不过时间长河对其历史模样的冲刷，玄奘在后世之人的传说中，关于他的历史真相逐渐变得模糊，最后进入了吴承恩的神魔世界，变成羸弱且迂腐的唐僧。

历史的有趣之处在于，它用时间消解真相的同时，往往会在一些隐秘的角落留下珍贵的线索，让后来者循着这些暗线迫近历史的第一现场。在探寻玄奘的故事时，我足够幸运，因为我是瓜州的新移民，这里是玄奘取经路上经过的最重要的地区之一。与此同时，我也是榆林窟的守窟人，守着中国目前保存最早的一批《玄奘取经图》度过多年，这是多么幸福的事情。至今，我依然记得我在瓜州戈壁滩上遭遇沙尘暴的那个早上，风沙吹来的时候，我突然开始想念玄奘。因为就在那一刻，我正走在玄奘当年取经道路

---

① [英]J.V.A.Smith.The Oxford History of India.Oxford.1928;P169.

上，风沙打在我的身体上的时候，我知道它在一千多年前同样打在玄奘的身上，那种痛让我铭记到了今日。

正是因为以上种种机缘，我在敦煌研究院榆林窟文物保护研究所工作期间，主要研究方向就是玄奘。在研究的过程中，我还新发现了一幅西夏时代的玄奘取经图，这在《西游记》的研究中意义重大。每每提到这件事，我都血脉偾张，自豪不已。在无人区守窟的时候，是玄奘大师陪伴着我度过榆林河畔的漫漫长夜，为了纪念这段珍贵的经历，我把自己的多年研究结集成书，献给这位伟大的"民族脊梁"。

写完这本书的初稿，我特意坐着绿皮火车去了西安城，在大雁塔前，我又见到他了。在玄奘的铜像前，我把这本书用了三天的时间读完。

就在读到"玄奘取经时，曾跨过无数大江大河，如今，他却被一条不足脚掌宽的小水渠绊倒了"时，古长安城的上空开始下起小雨。

再读到"我希望你能在某个柔和的灯光下读到它，因为只要我们讨论一次玄奘，想念一次玄奘，玄奘的生命就会磅礴一分"时，天空已经放晴。

然而，淅淅沥沥的春雨从我的眼眶里夺路而出，打湿了最后一个句号。

少年玄奘的多舛命途

第一章　童年玄奘与隋炀帝时代

玄奘出生与杨广圆梦

哐当！

一个花球砸到陈光蕊腰间的玉带上，发出一声清脆的响声。新科状元皱起眉头，正想抬起头从喉咙里冒出一声脏话时，就看到了阁楼上探出半个身子的殷温娇。

原生家庭是塑造一个人性格最大的因素之一。小说和电视剧中的唐僧出身高贵，父亲陈光蕊是新科状元，大唐开国初年，在科举制刚刚开创不久的那个年代里，状元是国家高级公务员的通行证，即使是放到地方上，陈光蕊也能得到一个县令的官职。当然，身份更加显赫的是唐僧的母亲殷温娇，她是当朝宰相殷开山的女儿。殷开山是唐朝的开国名将，李渊晋阳起兵时的老班底，属于大唐帝国的联合创始人。这么看来，唐僧是妥妥的官宦之后。

陈光蕊与殷温娇的相遇非常有趣，殷温娇到了出嫁的年纪，宰相决定使用传统的抛绣球的方式选择女婿。他让女儿站在阁楼上，楼下全部都是他邀请来的各个家族还没有娶妻的公子哥。殷温娇手里端着绣球害羞地看着楼下的人，看了好一会儿，也没有一位中意的公子。正忧愁间，新科状元陈光蕊戴着胸花，骑着白马从街那头走过来。阁楼上的殷温娇一眼就相中了这个状元郎，于是铆足了劲，抛出去的绣球正好砸到状元郎的怀里。陈光蕊抬头一瞧，果然是"确认过眼神，遇见了对的人"，正盯着殷温娇出神，相府的大门咯吱一响，一群侍卫宛如饿狼般冲了出来，把不明就里的陈光蕊拉下马，拽进了相府。当晚，陈光蕊恰似被人拐走的小媳妇，时间突然加了速，他在一夜之间完成了从单身小伙到丈夫的身份转变。

只可惜，后来的故事变成了悲剧。状元郎被朝廷任为江陵（今湖北省荆州市）县令，就在前去上任的途中，在长江之上被水贼刘洪杀害，推入了江中。母亲也被刘洪霸占，小唐僧因此成了遗腹子。

出生之后，母亲为了保护他的性命，就把他放在木板上随江而下，后来被金山寺的老和尚捡到。金山寺是中国古代神话传说中常常出现的场景，这个庙里的老和尚总是爱管人间的闲事。不过这里的金山寺并不是后来在《白蛇传》中被白素贞水淹过的金山寺。自此之后，小唐僧就开始了他在寺院里的生活。

然而，历史上唐僧的出身远没有这么高贵，经历也没有这么离奇。

按照《西游记》的描述，唐僧大概是在贞观十三年（639）出生的。根据唐代科举制度，一般是春季二月放榜，所以常称金榜为"春榜"。那一年，陈光蕊刚刚成为新科状元，就被宰相府的家丁们拉着入了洞房，殷温娇当晚就怀上身孕，唐僧应该是在贞观十三年的冬天生下来的。唐僧十八岁开启取经之路的时候已经是贞观三十一年（657），而历史上的唐太宗却是在贞观二十三年（649）逝世的，时间明显不对。

那么，历史上的玄奘是在什么时候出生的呢？目前，学术界对玄奘具体的出生时间还有争议，主流观点认为玄奘圆寂时六十五岁。按古人用虚岁计算年龄的方法，已知玄奘逝世于公元664年，其出生的时间就应该是公元600年①。

公元600年实在是一个十分特殊的年份，这一年不仅仅是世界历史发生大变局的七世纪的开端之年，也是中国历史发生巨大变革的关键时刻。

---

① 也有人认为玄奘出生于602年，依据是冥祥在《大唐故三藏玄奘法师行状》中六十三岁的记载。

公元600年，是隋开皇二十年，为了那个至高无上的位置，晋王杨广已经等了二十年。就在这一年，事情终于迎来了转机，他的梦想即将实现第一步。

杨广十二岁时，隋朝建立，他亲眼见证了父亲杨坚夺取大周政权的全过程。夺权之前的杨家是阴谋家的大本营，作为这场"换天计划"的旁观者，那种天衣无缝的计算和狠辣的手段深刻地影响了童年的杨广。这个十二岁的孩子，亲眼见证了昨夜的谋划在白天变成了现实，那种掌控天下命运的感觉重塑了杨家老二的价值观和世界观。童年的经历对于一个孩子的影响太重要了，自此之后，他知道，他的梦想就是做那个掌控天下人命运的人。有趣的是，就在杨广去世的前一年（617），有一个十九岁的少年也在家中经历着同样的事，这个人就是他的表外甥李世民，他将在未来全面实现杨广想象的那个世界。

然而，现实很快给杨广浇了一盆冷水。大隋开国之后，因为年龄的天然优势，大哥杨勇成为太子，成为国家的储君，杨广自出生的那一刻就与皇位失之交臂。当然，历史上并不缺乏太子早亡，老二顺位继承的事。但是，当杨广看到大哥的身躯越来越伟岸时，他心灰意冷。

好在杨广打小就有着不达目的誓不罢休的性格，怀着对"变故"的期待，他开始了二十年的蛰伏。受到阴谋家的启发，杨广对着垂涎欲滴的储君之位，开始了两手准备。一者是不断寻找对手的漏洞，他知道，对于从北周静帝宇文阐手中夺取皇权的父亲而言，越靠近权力中心的人越危险，再加上大哥有很多母亲看不惯的地方，只要大哥出现任何一点纰漏，就有可乘之机；二者是增强自己的优势，作为竞争者，他要比大哥做得优秀很多，从而不断加重自己在父母心中的权重，以至于左右父母的判断。

事实证明，杨广真的做到了。作为一个冷静的潜伏者，他十分深刻地分析了父亲的权力欲和母亲的掌控欲，大哥也经常在父亲重视的政坛上和母亲重视的个人生活上频频犯错，导致他们对杨勇逐渐失望。反观杨广，此时的他不仅仅是战功卓著的平南元帅，还是南方士族十分支持的晋王，甚至还成为了杨坚都十分崇敬的智𫖮（yǐ）大师的弟子，私生活上更是伪装得十分专情。因此，杨广在思想、政事、军功、修养和生活作风上都无可挑剔，成为父母最喜欢的孩子。

于是，在母亲独孤伽罗和众大臣的运作之下，蛰伏二十年的杨广终于获得了杨坚的信任。隋开皇二十年，隋文帝废杨勇为庶人，改立杨广为太子。

当然，在隋唐开国的那个特殊时代里，这种结局似乎不可避免。作为前一个王朝的颠覆者，因为自己得位不正，隋文帝杨坚和唐高祖李渊都十分清醒地知道皇位继承合乎礼法的重要性，所以他们最初坚定地执行嫡长子继承制，这被历史证明是最稳定的权力交接方式。然而，在隋唐开国的乱局中，天下还没有统一，在选择出征的将领时，为了防止开国武将的拥兵自重，就需要皇室成员作为主帅。在皇帝的算盘中，作为储君的太子是不能动的，因为太子一旦在战场上出现伤亡，就会动摇国本，因此主帅的人选只能是其他皇子。但是，正因为像李世民和杨广一样的皇子担任主帅，他们往往会获得巨大的战功和声望，这反过来又对没有战功的太子造成威胁，这是隋唐开国皇位继承现象的底层逻辑，实非杨坚和李渊能够掌控的。

杨广成为太子之后，开创隋帝国的杨坚还没有意识到这个选择的意义。如今，当我们回看历史的时候，每一个人都已然明了这件事的重要性，隋唐王朝的命运就在这一年被改变。隋炀帝通过科举、东征高句丽、西巡、营建大运河和洛阳城等诸多事件，对此后的中国历史产生了深远的影响，并一直持续到了今天。

因此，公元600年对于中国历史而言是十分重要的一年。玄奘与杨广都在这一年迎来了他们的关键时刻，杨广成为太子，实现了他圆梦的第一步；玄奘降生了，开启了他的人生之路。

我们都知道玄奘是中国历史上最伟大的僧人之一，而玄奘之所以能成为僧人，这其中少不了杨广的作用，因为那场录取玄奘成为皇家储备僧人的考试就是由杨广发起的。古代由天子选拔的僧人等同于天子门生，这么看来，杨广和玄奘算得上是有师徒之缘。更加巧合的是，对玄奘的一生影响深远的另一个皇帝也与杨广有着莫大的缘分，他就是李世民。此时的李家老二只比玄奘大一岁，这是两个即将改变中国的婴儿，他们的人生开始朝着各自的方向生长，在未来，他们会和《西游记》中的主角们一样相会。

玄奘幼年与隋文帝时代

历史上的唐僧真名叫什么呢？

在《西游记》中，唐僧的父亲名字叫作陈光蕊，唐僧当然也姓陈。在真实的历史中，玄奘确实姓陈，由此可见，这一点是吴承恩在写小说《西游记》的时候，对玄奘大师的致敬。玄奘单名一个"祎（yī）"字。

陈祎的故乡在今天河南偃师县缑（gōu）氏镇陈河村，这里距离洛阳很近，只有百里左右的路程。陈祎与洛阳城的命运也在此刻深深地绑定在一起，因为就在他出生的四年后，洛阳将会成为大隋的首都。

故乡对于个人的影响实在太大了，一个城市的禀赋深刻地塑造着生活在其中的人，祖先们则把这一规律精辟地总结为"一方水土养一方人"。玄奘出生在洛阳城附近，而这座城即将在未来的中国历史上扮演十分重要的角色，城市的命运直接作用在生长于斯的个体身上，玄奘就出生在这座城市发生巨变的前夜。

所以，不论是时间上，还是空间上，玄奘在出生的那一刻就嵌入到中国历史的关键时刻，此后历史的诸多变化都将在这里生发出来。

陈祎的出身虽然比不上《西游记》里的家世，但家里祖上也是个官宦人家。据可靠的家谱考证，陈祎是东汉名臣陈寔（shí）的后代，太建元年（569），陈宣帝追封其为颍川郡公，被后世尊为颍川陈氏的始祖。他的曾祖父是陈钦，曾任后魏上党太守；祖父陈康，以学优出仕北齐，任国子博士；父亲名叫陈慧，曾任江陵县令。所以，至少在陈祎这一代，他算得上是一个县太爷的贵公子。

陈祎长得好不好看呢？《西游记》中描述唐僧时说："丰姿英伟，相貌轩昂。齿白如银砌，唇红口四方。顶平额阔天仓满，目秀眉清地阁长。两耳有轮真杰士，一身不俗是才郎。"这么看来，我们实在不能调侃女儿国国王看到唐僧时不矜持的表现了。在古代典籍中，并没有专门描述陈祎形象的文字，但我们可以从其父亲陈慧的长相中，窥探陈祎惊为天人的容颜。在《大慈恩寺三藏法师传》中，描述陈慧时说："形长八尺，美眉明目，褒衣博带，好儒者之容。"可见陈慧不仅长得高，而且五官周正俊美，妥妥地是个美男子。拥有这样的先天基因，陈祎必然有着不俗的容颜（关于玄奘的颜值，笔者将在他抵达印度时遇到的一件事上详细讲述）。

陈祎不仅有着眉清目秀的容颜，也有着一颗澄澈善良的心，这与他幸福的幼年时期有着莫大的关系。

首先，陈祎是县令的儿子，而且是江陵县令。江陵县就是李白诗中那个"朝辞白帝彩云间，千里江陵一日还"的江陵，位于今天湖北省荆州市，是隋唐时代长江中游最重要的城市，这里是连接中原、巴蜀和荆湘的枢纽，唐代山南东道的行政中心就设在荆州城（江陵城）。所以，身为江陵县令的陈慧，其职权远非一般的县令可比。隋代县令的年俸为禄米600石到840石不等，江陵县令一定拿的是最高标准，按840石的数量折算今日的粮食价格，一个月大概也有两三万的收入。在古代，这个工资的购买力则远胜于今天，所以陈祎小时候绝对不愁吃穿，这在生产力低下的古代，已经胜过了很多人。

当然，这种优渥的物质条件也曾出现过变动。陈慧在担任江陵县令的时候，目睹了隋朝政坛的贪污腐败，清廉正直的他不能忍受官场的乌烟瘴气，因此愤然离职，回到老家务农。我们不知道陈慧是什么时候辞职的，但他的辞职事件与隋文帝晚年的政治变化有着莫大的关系。陈祎出生的时候是隋开皇二十年，原本励精图治的隋文帝杨坚此时已经步入老年，晚年的他性情大变，政令与之前的大有不同，引发了官场的震动，所以玄奘出生的时间也是隋文帝生命的重大转变时刻。尤其是改年号为仁寿之后（601），政令越发混乱，太平日久，腐败开始在官僚体系中滋生。作为隋朝的子民，大隋政局的变化一直影响着陈家人，这是大趋势对小人物命运的影响。根据这样的历史背景，陈慧或许就是在陈祎出生后不久辞职的。

对于陈慧而言，辞职并没有对家庭的生计产生太大的影响，陈河村位于洛阳周边，这里自古就是土地平坦肥沃的中原地区，更何况这个村子姓陈。作为官宦世家，陈慧在陈河村的地位很高，家里一定有不少田产。另外，按照隋文帝推行的均田令规定：成年男丁每人受露田80亩，种植五谷，再受永业田20亩；妇女受露田40亩，不给永业田；奴婢5口给1亩。要强调的是，这里的永业田在耕田者死后可以继承，露田则在耕田者死后要归还国家。在"基建狂魔"杨广还没有登基的时候，隋朝的赋税是中国历史上比较低的时代，有这些田产，养活一家人不成问题。

陈慧一家人丁兴旺，他有五个孩子，陈祎是他的小儿子。作为家中最小的孩子，陈祎是十分幸福的，三个哥哥和一个姐姐都把他当作珍宝，在他们的照顾和陪伴下，陈祎有一个快乐的童年。从玄奘的身上，我们看到了原生家庭对一个人的深刻影响。

请千万不要忽视童年对一个人的重要性。正是因为陈祎的童年被家人的爱包裹着，他打小就感受到了爱的美好，所以日后的他才能成为一代高僧，把家人在他身上种下的爱的种子又传递给天下人。无数年过去之后，他的那颗赤子之心，仍然受后人缅怀。

二哥出家与杨广登基

爱的作用确实无远弗届，但一个坚韧的性格在形成的过程中，少不了苦难对它的塑造。上天或许太需要陈祎尽快成熟起来，所以就在他五岁的时候，人生的考验已经接踵而至。

在考验来临之前，陈祎几乎赶上了最好的时代。那是公元600—604年之间的中国，分裂了数百年的南朝和北朝已经统一了十多年，迎来这个统一国度的鼎盛时期。于外，北方强大的突厥也被隋朝智慧的外交官们分裂成东西两部，再难构成对北部边境的威胁，草原上给隋文帝献来"圣人可汗"的尊号，周边的国家纷纷前来臣服和朝拜，放眼天下，没有谁敢挑战大隋的国威。于内，开皇之治初见成效，国力蒸蒸日上，守财奴杨坚在各个州县设置的粮仓里堆满了粮食，以至于溢出仓库兀自腐烂。

大国的实力往往能影响整个国民的气质，此时，在隋朝国土上生活的子民们也被国家的强大所感染，一个个都有了"雄赳赳、气昂昂"的气势。确实，对于他们而言，这些年风调雨顺、赋税低微、家里有粮、心里不慌。

幼小的陈祎虽然还没有到关注国家大事的年纪，但从邻居们脸上"国泰民安式"的笑容，就能看得到这个国家带给民众的希望。在这种大国气象的氛围中长大的陈祎，对盛世有着刻入骨髓的记忆。因此，不管后来经历怎样的磨砺，他的内心总是有一个盛世影像支撑着他，一如他心目中的弥勒净土一样，指引着他熬过漫漫长夜。幸运的是，这样的盛世在他经历诸多磨难之后，终于在他的"皇帝哥哥"李世民的治理下再现，而今天的中国人则仍旧怀念着那个精彩纷呈的时代。

就在陈祎享受着国家强盛的福利时，父亲告诉他，一手营造开皇盛世的皇帝杨坚逝世了。这是在仁寿四年，即公元604年。那时候的陈祎只有五岁，他也许还不太明白杨坚对历史和隋朝的意义，只是跟在父亲的身后，在国丧期间缅怀这位伟大的帝王。

由于隋朝建立的稳定的政治制度，开国皇帝杨坚的逝世并没有引发政局的动荡。即位者是三十五岁的杨广，朝臣们都对他寄予厚望，因为他不仅年富力强，而且在军事、政治、文采、思想和品德上面都无可挑剔。人们相信，在新皇帝的带领下，大隋会走上另一个高峰。然而，众人决然没有想到的是，杨广将要带领着年轻的隋王朝进入一条短跑的赛道。

杨广登基的第一年，他的政策还没有波及陈祎的生活，前任皇帝隋文帝的爱好却让陈祎失去了至亲。

因为自幼被般若尼寺智仙尼姑抚养长大，隋文帝一生都十分崇信佛教，"开皇元年，高祖普诏天下：任听出家，仍令计口出钱，营造经像。而京师及并州、相州、洛州等诸大都邑之处，并官写一切经，置于寺内；而又别写，藏于秘阁。天下之人，从风而靡，竞相景慕，民间佛经，多于六经数十百倍"①。正是因为隋文帝放开出家的限制，受到北周武帝灭佛影响的北方佛教迅速得到恢复，使佛教一度成为隋朝的国教。在皇家的支持下，长安和洛阳所在的两京地区很快成为佛教中心，佛教活动和思想开始融入当地人的生活之中。

陈祎所在的陈河村就在洛阳郊外，当地的居民也深受佛教思想的影响，其中就有二哥陈素。在兄弟姐妹之中，二哥陈素是最疼陈祎的。陈祎几乎就是在二哥的肩头长大的，他的一切学识、生活习惯也都是二哥手把手教给他的。

日子仿佛村口的榆树，让人习以为常，时光一天天过去，直到要分别的时候，人们才会知道它的珍贵。

---

① 《隋书·经籍志》。

　　不知从什么时候，二哥对佛学产生了浓厚的兴趣，在思考了很久之后，他终于下定决心，打算离开陈河村，前往洛阳出家修行。二哥把这个想法告诉了父亲，父亲并不是一个执拗的人，经过慎重思考，他同意了儿子的决定。

　　好端端的二哥怎么要离开家了，陈祎不能理解二哥的想法，更舍不得二哥离开，追着陈素问道："二哥，什么是出家？你要离开家，离开我了吗？"

　　陈素："不是，我是去寺里当僧人。"

　　陈祎："当僧人？有甚好的，我要你留下陪我玩。"

　　陈素："我是要去寻找自己存在的因。"

　　陈祎："哦……出家之后是不是就不姓陈了？"

　　陈素："人本来没有姓的，就像石头，它只不过是人给它安排的姓名而已，它原本没有名字，更不姓石。"

　　陈祎："哦！那我也没有姓，那我该叫什么？我是谁呢？"

　　陈素："你是我的弟弟。好了，我要走了，再不能带你去河里摸鱼了，你要记得不要一个人去河里，也不要再吃鱼。"

　　二哥辞别了父亲，就背起行囊，朝着村口的小路一直往前走，那棵老榆树枝叶茂密，他在视线的边界处稍走了几步，身影就被绿色的枝叶遮盖住了。陈祎坐在磨盘上，双手抱膝，心里念着二哥，心像是突然揪了一下，不想鱼儿，不想小鸡，只是想着：二哥，我不姓陈，那姓什么呢？①

　　由于史料的稀缺，我们已经很难知道陈素是什么时候出家的。根据隋朝的政策变化，他出家的时间大概在陈祎出生之后和隋炀帝登基前的这段时间里（600—604年）。由于出家不受限制，僧人不用交税，国家还要专门拨款供养，导致国家财政负担十分沉重，因此，隋炀帝登基之后，制定了严格的出家规定。史料表明，陈素应该是自行出家的。按照陈家兄弟的年龄差算来，陈素应当是在杨坚逝世的前后离开陈河村的，算是赶上了最后一波出家"红利"。后来，陈素就在洛阳净土寺出了家，法名长捷，日后也成为唐代初年的名僧。

　　二哥出家的事对陈祎的童年影响很大，自此之后，他的内心对"佛"产生了好奇心。只是，此时的陈祎还没有时间学习佛教经典，因为眼前他还有很多书要读，比如《孝经》。

　　陈祎八岁时，父亲教授他《孝经》，他读到"曾子闻师命避席"一节时，得知曾子听孔子讲课的时候恭敬地站在一旁，就立即整理衣襟接受父亲的教诲。因为这件事，被传为乡间美谈②。

　　在教授经典的时候，陈慧发现儿子不仅记忆力和理解力超群，

---

① 史料中并没有陈素出家时与玄奘之间对话的记载，本段是笔者根据历史情境进行的文学性创作，以增强叙事的完整性。

② 《大慈恩寺三藏法师传》："年八岁，父坐于几侧口授《孝经》，至曾子避席，忽整襟而起。问其故，对曰：'曾子闻师命避席，今奉慈训，岂宜安坐。'"

而且常常能举一反三，所以更加注重对他的培养。好在作为知识分子的陈慧，家中最不缺的就是书籍，在他的教诲下，陈祎从小养成了"备通经典"的学风，很快就读遍了儒家经典。

值得注意的是，陈慧一直以来都把儿子当作一个标准的儒家弟子来培养的，原因则来自隋朝两任皇帝开创的科举制度。

隋朝是科举制诞生的时代，这项伟大制度的发明为古代的读书人打开了进入仕途的窗口，而陈祎就降生在科举制被创造出来的那个年代里。当然，在陈慧这一代，因为家里余粮的原因，他还有干得不爽就辞职的豪气。但是，随着隋炀帝登基之后的政策变化，他不得不为儿子的前途考虑，所以，陈祎成为陈氏家族最令人期待的科举备考生。

令家族欣慰的是，陈祎果然不负众望，他的聪颖让备考科举变得极为简单起来，儒家经典更是滚瓜烂熟。有时，无书可读的陈祎甚至也拿来道家的书读一读。我们一定要对"小唐僧"的知识结构足够重视，这对未来的玄奘成为译经大师打下了坚实的基础，正是因为他兼通各家经典，才构筑了中印两种文明的思想桥梁。

就在陈祎沉浸在读书的乐趣中时，他的人生又迎来了新的变故。

玄奘的寺庙生活

公元609年，陈祎十岁，父亲因病去世，整个家庭的顶梁柱塌了。

史料表明，陈祎的母亲应该比父亲更早逝世，此时的他成了无父无母的孤儿。二哥得知父亲亡故的消息，赶来奔丧，守孝结束后，就把陈祎带到了洛阳。

此时，二哥陈素已经是洛阳净土寺有名的青年才俊。有二哥的照顾，陈祎在寺院里衣食无忧。对于任何一个十岁的孩子来说，失去双亲是他最痛苦的人生阶段，但就是因为有二哥的存在，陈祎比其他的孤儿都幸福。长捷法师对于陈祎而言实在是太重要了，他无微不至的爱，让陈祎从家庭生活状态平稳地过渡到了寺院的生活，守护住了小陈祎饱满且善良的心，这是很多家庭都难以做到的。陈祎虽然成了孤儿，但长捷法师依然如父亲一般陪伴着他，让他在寺院中也不缺少家人的爱，使他的性格因此而变得温良且刚毅。

少年郎陈祎在洛阳净土寺的寺院里居住了三年的时光，他比寻常的孩子安静异常，整日只是跟在二哥的身后。二哥读经，他就读经；二哥扫地，他就扫地。中国俗语有云"长兄如父"，父亲已经去世了，所以二哥就成了他想要效仿的对象。从后来的故事来看，陈祎的一生受二哥长捷法师的影响很大，不论在生活上还是思想上，他都重塑了陈祎的人生。

当然，陈祎只是十分依赖二哥，但他绝不是个书呆子。比如在大业六年（610）正月，陈祎就曾跑到洛阳城的端门外，欣赏了一场盛大的文艺晚会。

事情的缘起是这样的，陈祎父亲去世的这一年（609），隋炀帝开始了他的西征，原因是吐谷浑对河西走廊的侵扰。在大隋的军队面前，吐谷浑的兵马一触即溃，吐谷浑被划入大隋的国土，这是隋炀帝军事上的又一次胜利。这次胜利稳定了河西走廊边防，让玄奘后来经过河西走廊取经的时候，不再担心吐谷浑的袭扰。在开创新伟业的同时，一位亲人的逝去让隋炀帝的胜利布上了一层忧伤，那就是姐姐杨丽华的病逝。大军在穿越大斗拔谷时，六月天里突然飞起大雪，骤降的气温让穿着单衣的部队折损过半，姐姐也在这次雪灾中死去。杨广一生薄情，唯独姐姐是他生命中最珍视的，但就在大业五年（609），陈祎和杨广同时失去了至亲。

到张掖休整的时候，西域各国听说了隋炀帝在吐谷浑之战中的胜利，在高昌王麴伯雅的带领下，诸国使者和国王前来朝贺，这就是著名的"万国博览会"。之后，高昌王带着儿子麴文泰跟随隋军来到了洛阳，为了显示隋朝的国力，隋炀帝在大业六年（610）正月十五日举行了盛大的文艺演出，光是演奏乐器的人就有一万八千人，算是中国历史上的第一次"春节联欢晚会"。欢闹的气氛波及整个洛阳城，作为洛阳城的市民，十一岁的陈祎还是个爱热闹的孩子，他必然围观了这次史无前例的盛会。就在这一年的上元节，他远远地见到了这个国家的主人杨广。

杨广与陈祎的人生有着很深的渊源，这或许是他们一生中唯一的一次相遇，虽然只是隔着上百米的相望，但已经足够令后人惊叹了。杨广邀请了亲戚们来一同在端门口观看演出，其中必然就有未来开创大唐王朝的表哥李渊和他的儿子李世民。更有趣的是，陪在杨广身边喝葡萄酒的麴文泰与陈祎也有着奇妙的缘分，因为在后来的取经之路上，如果不是他的帮助，玄奘恐怕就实现不了他取经的愿望。玄奘的一生是被陈素、麴文泰和李世民这"三位哥哥"塑造的，他们刚好渐次出现在玄奘取经前、取经时和回国后的三个生命阶段里。除了帮助玄奘取经之外，麴文泰对玄奘的意义还要更为重大，他们的故事我们留到他们再次相遇时再讲。

"历史"这位编剧实在是太有创意了，他用一场"春晚"，把隋炀帝、李渊、李世民、麴文泰、玄奘等人全部放在同一个时空里。

未来，他们又朝着不同方向出发，开启新的人生阶段，从而成就了隋唐交替之际精彩的大历史。

这场盛大的文艺演出通宵达旦，异彩纷呈，一直持续到正月末，洛阳城里的人陷入一种忘乎所以的狂欢。然而，在看似繁荣的盛世下，有人已经看出端倪。

那是在与洛阳城仅仅一墙之隔的郊外，前往帝都的西域使者发现饥民已经开始向洛阳城周边集聚，他们衣不蔽体，饿殍遍野。因此，在坊间，他们调侃皇帝的盛世时说："皇帝陛下为了炫耀国家的富强，给洛阳城的大树都裹上了上等丝绸，但城外的百姓却连遮蔽身体的破布都没有。"①

其实，这种隐藏在盛世下的苦难早已经被陈祎看在眼里。"基建狂魔"杨广登基之后，接连开始了多项国家工程，比如营建东京时，仅仅用了十个月的时间就完成了。如此巨大的工程，用工上百万计，陈祎的故乡就在洛阳附近，所以亲友中有很多人就受到洛阳工程的役使，累死的民工不计其数。另外，在这里需要埋下一个伏笔，这次营建工程的木材商人的名字叫作武士彟（yuē），他的女儿未来将会成为玄奘最优秀的弟子，这座城市也在她的时代再次成为都城，成为世界上最伟大的城市。

---

① 《资治通鉴·隋纪五》记载："其黠者颇觉之，见以缯帛缠树，曰：'中国亦有贫者衣不盖形，何如以此物与之，缠树何为？'市人惭不能答。"

除去营建东都洛阳之外，杨广还以洛阳为中心，修浚了著名的京杭大运河，修整北部长城和多次出征高句丽。这些国家工程和战事虽然每一件都意义重大，但杨广过于心急，在短短十几年间，频繁征召民夫，导致天下疲敝，民不聊生。随着国家实力逐步被榨干，隋王朝内部开始萌生出十分危险的隐患。

杨广的招僧考试

在洛阳的寺院里，陈祎常跟着二哥去听高僧讲经说法，耳濡目染之下，就产生了出家的念头。可是，按此时的大隋律令，出家当僧人是要经过政府有关机关的考选，获得准许发给度牒（僧人证书）才行。此时，像二哥那样私自出家，在法律上是不允许的。

但机会总是关照有准备的人，玄奘十三岁那年（612），隋炀帝派大理寺卿郑善果到洛阳来选度十四名僧人。

郑善果是北朝勋贵的后裔，他的父亲是北周的将军郑诚，有着开封县公的爵位，后来在讨伐尉迟迥的过程中战死，当时年仅九岁的郑善果就袭封了爵位。郑善果虽然是官二代，但与那些依靠祖先积累下来的功业享乐的公子哥们不同，他的母亲是清河崔氏家族的女儿，在她严厉的教育下，郑善果拥有了渊博的学识。在隋炀帝时，他与武威太守樊子盖在官吏考核中并列第一，隋炀帝十分欣赏，任他为大理寺卿。后来，他又在隋炀帝被围困于雁门时，与年轻的李世民合力解围，因功授右光禄大夫，成为隋炀帝十分信任的朝臣。

杨广受父亲的影响，非常崇信佛教，他的老师就是著名的智颉大师。杨广登基之后，他积极推动佛教的传播，使佛教获得长足的发展，洛阳已然成为佛教中心。公元612年，他打算挑选十四名天资聪颖的僧人，把他们招选到皇家寺庙之中，当作京都佛教的储备人才。隋炀帝把弘扬佛教的希望寄托在这十四个年轻人的身上，所以十分看重这次招僧考试，在主考官的人选上，他选择了做事稳健的郑善果。

这可是皇家亲自培养僧人的名额，整个洛阳轰动一时，仅在衙门口报名的就有好几百人。陈祎特别想去，但这次考试有着严格的年龄限制，要求年龄不得低于二十岁。因年龄太小，陈祎连报名的资格也没有。但他不甘心，每天跑到衙门口徘徊张望，一次次从攒动的人群中挤到报名的地方，每次都被拒，旁边的人附和道："小孩子也要来当僧人，看得懂字吗？"

有一天，郑善果来巡视报名的情况，发现一个小孩被人挤出人群之外，眼神坚定，踮着脚往里头张望，他心生好奇，便独自走近身问起来。

郑善果："孩子，你今年多大了？"

陈祎："十 …… 十三。"

郑善果："那你来这个地方干什么？"他皱起额头，故作严肃地问。

陈祎："皈依释门。"

郑善果："你这小小年纪，为何要出家？"

陈祎："继承往圣的绝学，传递真经的灯火。"此时，他的眼神笃定，闪烁着坚毅的光芒。

郑善果："你跟我来。"

陈祎小步子跟在他的后面，两帮衙役看见是郑善果来了，急忙拨开人群，腾出道来，迎着郑善果走到报名的桌案前。

郑善果："孩子，你叫什么名字？"

"陈祎。"他依然是别人问一句，答一句，绝不再多说一句话。

郑善果："会写吗？"

陈祎："会的。"

郑善果从笔架上拿了一支笔，轻轻蘸了墨，放在陈祎手中，他先是一愣，随即走到略高的桌案前，踮着脚尖在花名册上写下自己的名字。

当他回过神来，郑善果已经进了衙门，看着那个宽阔的背影，他的心里有一丝暖流缓缓流过。直到后来，他才知道那位大人就是大名鼎鼎的大理寺卿郑善果。

　　郑善果进了衙门，随行官僚们问道："大人，今日为何对那个孩子如此看重？那孩子虽识得几个字，但这个年纪，应是无法理解佛经深意的，甚至通读经本也该有些困难。此行我们可是优选佛理精通之人，若是选他，怕是洛阳其他名僧会有微词啊。"郑善果转身对同僚感叹着说："修佛不以年长断优劣，有无慧根才是要紧的。这个孩子来日必定成为佛门有作为的人物，可惜我与诸公老了，不能亲眼看见了！"①

　　陈祎被幸运地选中，就在洛阳当了小沙弥。他的法号就叫玄奘，而这个名字将会陪伴他此后的整个余生。

---

　　① 《大慈恩寺三藏法师传》："诵业易成，风骨难得。若度此子，必为释门伟器，但恐果与诸公不见其翔翥云霄，洒演甘露耳。"

第二章 隋唐变局下玄奘的选择

天 下 大 乱

刚进入寺院的玄奘还不是一个僧人，因为他的年龄，我们只能称其为沙弥。作为皇家招选出来的沙弥、隋炀帝的门徒，玄奘的前途似乎无比光明。未来，他会成为洛阳城里地位崇高的大和尚，在富丽堂皇的皇家寺院中，享受着国家津贴和百姓的崇敬，一直到暮年。

然而，玄奘的铁饭碗很快就被打破了，一同打翻的，还有整个天下人的饭碗。

自从隋炀帝登基之后，"大业"这两个字成为悬在他头顶的魔咒，成就了隋炀帝的伟业，也毁掉了他的人生。

开皇十八年（598）时，全国统计上来的户数是870万（出自《唐会要》卷八十四），直到隋炀帝在位时，这个数字仍在持续增长。

到了大业五年（609），全国拥有户数将近九百万，人口预计接近五千万人。面对这样的"人口红利"，隋炀帝觉得终于能甩开膀子，大干一场了。

为了实现自己的"大业"，自登基之后，隋炀帝开始频繁征发民夫。除参与重大工程的建设之外，为解决边患问题，他先后征伐吐谷浑、林邑、契丹、琉球等地，尤其是三次出征高句丽，动辄调发民夫上百万计。在位短短十余年间，被征发扰动的农民总计不下一千万人次，造成了"天下死于役"的惨象。

到了隋朝晚期，整个天下的百姓几乎都有被征发服役的经历。这种免费的义务劳动严重扰乱了原本稳定的农业结构，很多百姓为了完成官府摊派下来的徭役，只好弃置家中的田产，造成耕地的大量荒弃。然而，当地的乡绅往往可以依靠官府的背景逃脱役使，等民夫们完成官府徭役返回家乡时，他们的耕地大多被当地乡绅兼并，妻儿离散，父母饿死。因此，隋炀帝的徭役让一个个原本幸福的家庭崩解，使那些为国家做出巨大贡献的民夫回到家乡时，成为无家可归的人。

失去家园的他们变成社会上的流民，当流民越来越多时，他们会像夏日里不断积聚的洪水，终将朝着满目疮痍的堤岸冲过去。

接下来，我们看看当时起义的情况。

大业七年（611），隋炀帝下令出兵高句丽，并征调大批兵士、粮饷和建造大量的军船，河北、山东是出征军队的集结地。当时的山东灾荒严重，百姓无家可归，山东邹平人王薄首先聚众起义，揭开了隋末农民起义的大幕。由于王薄的起义军没有组织性和纪律性，同时缺乏武器和指导思想，没多久，就被官军镇压下去了。然而，民愤已经被激发，当时的情况可以说是"一个王薄倒下去，千千万万个王薄站起来"。刘霸道、孙安祖、张金称、高士达、窦建德等纷纷率领农民百姓起义，各地大大小小农民起义相继出现。

同年，翟让聚众在瓦岗寨（今河南滑县南）起义，举兵反隋，山东、河南两地农民纷纷参加。我们在《隋唐演义》中十分熟悉的单雄信、徐世绩、李密、王伯当等人都率众投奔瓦岗寨，队伍迅速壮大，成为起义军中最强大的一支队伍。

更加致命的是，隋朝统治集团内部也出现了起义的现象。大业九年（613），开国重臣杨素的儿子、时任礼部尚书的杨玄感在黎阳（今河南省浚县东北）举兵反叛隋朝，围攻首都洛阳。杨玄感不仅是朝中重臣，而且在帝国的中心发动兵变，对隋统治集团造成了重创，他虽很快被击败，但全国的农民起义乘隋炀帝平叛的间隙得到一定的发展。

平定杨玄感之乱后，隋军开始镇压农民起义，击败了卢明月、张金称、高士达、刘元进等农民起义军。统治者的残酷镇压，反而迫使更多的人民参加到起义军中去，起义发展为全国规模。到大业十二年（616），先后在全国各地兴起的起义军大小不下百余支，义众达数百万。瓦岗寨、窦建德、杜伏威、林士弘等农民起义军则屡次击败隋朝大军，攻陷许多郡县。在和隋军主力作战的过程中，起义军由分散走向集中，逐步形成了瓦岗军、河北夏军和江淮吴军三支主力。

在农民起义军从各条战线向隋王朝发起全面进攻的同时，朔方（今内蒙古白城子）梁师都、马邑（今山西朔州市）刘武周、金城（今甘肃兰州）薛举等地主官僚也纷纷起兵，割据地方，隋朝的天命已经在风雨飘摇之中。

玄奘的第一次旅行

大业十三年（617），玄奘十八岁，此时国家已经满目疮痍，自从隋炀帝一年前搬到江都居住，洛阳这座没有皇帝的都城逐渐显现出它的萧条来。

身为京畿人，玄奘亲眼见证了洛阳的辉煌，它仿佛就是佛经中所说的净土一样，让衣食无忧的玄奘安然地享受着太平盛世的生活。然而，这一切却在玄奘出家五年之后戛然而止。在净土寺的五年里，他虽然只是一个足不出寺的小沙弥，但洛阳城外的战火已经影响到了城内的每一个人。百姓之中，有人失去至亲，有人失去家园，只有洛阳城，依旧宛如净土的保护罩，维持着千疮百孔的繁荣假象。

到了大业十三年（617），洛阳城也已经不再安全，因为城外正是李密带领的瓦岗寨大军。在当时的江湖上，流传着"李氏当有天下"的预言，环顾当时的起义军中，最有实力的就是李密，看着自己身后的众多战将，李密觉得自己就是这个预言的谜底。面对帝都洛阳，李密想着只要攻下它，天下就是自己的了。

当时，有谋士劝说李密："关中以高山为屏障，以黄河为天堑，刘邦就是因为占据关中而创建了大汉四百年的基业。我建议您带一支精兵，向西突袭长安。攻克西京之后，就可以两面夹击，攻克东都洛阳，继而平定天下。如今英雄豪杰并起，我实在担心别人抢在我们前头，一旦错失机会，大事休矣！"

这实在是一个上上之策，但李密并没有听从谋士的建议，而是继续带着瓦岗寨的兄弟们在洛阳城下攻城。就在李密和王世充死磕的时候，有一个人则完全依从了这个计划，在这年十月抵达长安，他就是李渊。

李渊是隋炀帝的表哥，他本来是隋朝统治集团的拥护者。然而，就在大业十三年的二月，李渊治下驻马邑（今山西省朔州市）的鹰扬校尉刘武周发动兵变，杀死太守王仁恭，割据马邑自称天子。三月，刘武周攻破楼烦郡，进占汾阳宫，并与突厥勾结，图谋南下争夺天下。隋炀帝闻讯后大怒，要提李渊到江都治罪，李渊十分惊恐。在这种危急的情势下，李世民、裴寂、刘文静等纷纷劝他起兵，李渊终于下定了反隋的决心，五月从太原起兵。

历史书上的李渊被塑造成一个没有主见、性格懦弱的君主，似乎没有李世民的决断和帮助，他就无法建立大唐的基业。其实，作为大唐的开国之君，他是一个十分优秀的战略家。他在起兵之初就发现了制胜的关键，因此制定了首取关中、次取天下的战略方针。李渊趁隋军与瓦岗军大战之机，率军沿着汾河而下，一路击败了宋老生和屈突通等阻击力量，很快进入关中。

十一月，李渊攻克长安。进入长安城的他以刘邦为榜样，"与民约法十二条，悉除隋苛禁"（《通鉴纪事本末·高祖兴唐》），抚慰关中的贵族和百姓，废去了一切皇家宫苑，重新分配土地，使关中的生产秩序逐渐恢复过来。

关中与洛阳仅仅一关之隔，李渊进驻后的长安成为天下人都想要前往的避难之地。身在洛阳城的玄奘也听说了李氏父子的贤明，眼看着洛阳危如累卵的困局，玄奘打算和二哥前往长安逃难。

二哥是个安土重迁的人，父母的坟茔就在洛阳城外的陈河村，兄弟俩又是在这里长大，他不忍心离开故乡，也不忍心断了父母的祭拜。然而时局纷乱，城外的陈河村早已经在战争的蹂躏下成为焦土，作为出家人，他们本来就无家可归。洛阳的西面虽然也有兵祸，但只要偷偷穿越潼关，就能进入关中平原。如果是自己一个人，他也就在洛阳城里待下去了，但自己身边还有玄奘，既然有一线生机，他就要带着弟弟闯一闯。

作为有度牒的僧人，玄奘兄弟俩要比平常百姓幸运多了，度牒就像通行证一样，他们至少可以移动。而那些在严苛户籍制度下的农夫们，像植物一样被栽种在土地里，在隋末的乱局中，流动起来的他们往往只有死路一条。玄奘和二哥做了充足的准备，舍弃了洛阳城获得的"天才""栋梁"等荣誉和头衔，从零开始，踏上了兄弟两人生中的第一次旅行。

要是换作平日，从洛阳到长安的路十分方便，在津口坐上商船，沿着黄河逆流而上，到潼关时转入渭河的河道，十几日就能到达。可如今，洛阳城外到处都是流民和士兵，一旦与他们相遇，不是遭遇抢劫，就是被抓到军营中，成为下一场战争的炮灰。

为了能安全抵达长安，他们尽量挑选乡间小道行进。此时正值初冬时节，河洛地区已经下过了初雪，天气寒冷，长捷怕玄奘夜里着凉，就在麦草堆里掏出一个小洞，和玄奘挤在一起过夜。天亮时分，清晨的寒气逼得兄弟俩早早起身，开始赶路。

作为云游的僧人，在正常年份，长捷本来可以一路化缘，不愁饮食。到了兵荒马乱之年，平常的百姓家连饭都吃不饱，因此没有剩下的饭食可以布施的。他们一路经过了很多荒弃的村庄，到处都是断壁残垣，孩子们饿得骨瘦如柴，嘴里啃着干硬的树皮，来应付肚子里时常传来的咕噜声。玄奘不忍心看到这悲惨的一幕，从包裹里摸出来两枚胡饼，散给趴在村口无家可归的农家姐弟。村外的每一棵树都被剥了皮，在萧瑟的冬季露出瘆人的白，恰似树木露出的腿骨。看到这一切，玄奘的眼眶常常是湿润的，他跪在一棵剥了树皮的槐树前，诵经抚慰着草木的生命。他知道，这些树木熬不过这个寒冷的冬天。

那么，玄奘兄弟俩能否熬过这个冬天呢？

长捷知道，弟弟的包裹里已经没有几枚胡饼了，为了能让弟弟活下来，每到夜里玄奘睡着的时候，他就偷偷打开弟弟的包裹，再塞进去一枚胡饼，自己则被迫启动辟谷的修行。到了第二天，长捷骗玄奘说自己早起已经吃过了早餐，而玄奘的包裹却总能像四次元口袋一样，还有最后的一点口粮。

十几天后，他们到了著名的函谷关。这里是隋军和李渊对峙的前线，平民一旦进入战场，将会是十死无生。长捷在洛阳的时候，接触过很多有云游经历的僧人，他们走过了无数山川河流，所以知晓很多前往关中的捷径，而长捷已经做好了功课。为了绕过函谷关，长捷打算进入崤（xiáo）山，寻找一线生机。

进入崤山之时，长捷和玄奘已经断粮了，他们是否能活着走出这片山林呢？

在崎岖的山路上走了半日，转过一个山坡的时候，视力颇好的玄奘突然大喊起来："二哥，快看，柿子！"

长捷停下脚步，抬头看时，就远远地瞧见一片橘红色的果子挂在光秃秃的树梢上。健硕的玄奘已经朝着柿子树跑过去了，饿了好几天的长捷脚上无力，拄着枯木缓缓跟上去。等到了切近，只见饿慌了的玄奘已经爬上树，两口一个柿子吃了起来，猩红的柿子汁涂满半张脸，远看仿佛一只俊俏的金丝猴。

玄奘看二哥已经来到树下，就连忙把怀中的柿子给二哥扔过去。没有气力的长捷抓不住迅疾的柿子，一颗汁水充盈的柿子就在他的额头上爆开了，玄奘看到花脸的二哥，笑得差点从树上掉下来。之后，兄弟俩在柿子树下饱餐了一顿，长捷又让玄奘挑拣了些已经晒干的柿子，装在包裹里当作接下来的口粮。休整过后，两人继续上路。

走了没几日，他们就来到了潼关，这里是关中的门户，李渊已经控制了这里。为了吸引百姓进入关中，壮大实力，李渊几乎来者不拒，所以兄弟俩很顺利地进入了潼关。之后，他们沿着渭河一路西行，终于抵达了西京长安，即将与《西游记》里的"皇帝哥哥"相遇①。

---

① 史料中并没有玄奘兄弟两人前往长安的具体细节，本段是笔者根据历史情境进行的文学性创作，以增强叙事的完整性。

史料中对玄奘从洛阳到长安的这段经历记载得非常简略，然而，在玄奘的生命中，这一段的徒步经历，对玄奘后来的取经十分重要。要完成这一次四百公里的越野挑战，不仅需要玄奘拥有生火、辨识动植物、预测天气、寻找水源等生活技能，还要学习掌握各地方言、规矩、政令和习惯等社会常识。这是玄奘第一次离开寺院，这次旅行锻炼了玄奘的身体机能，积累了丰富的徒步经验和野外生存技巧，为后来的取经之路奠定了基础。

纸上得来终觉浅，绝知此事要躬行。

在玄奘的第一次旅行中，我们不能忽视长捷法师的重要作用。他像一位职业越野教练一样，正是因为有他的教导，玄奘才拥有了这些宝贵的经验；也是在他的陪伴下，玄奘开始喜欢上了自然，获得了书本之外的知识，变得博大和开放。

李渊的选择

进入长安后，玄奘发现这里果然如传说的一样，是乱世中的一片安宁之地。为了能壮大关中的力量，李渊采取了与民休息的政策，关中平原的经济得以复苏，受战火打击的佛教也逐渐缓过气来。与此同时，李渊张开博大的胸怀，积极招贤纳士，很多人才都前来投奔，其中就有高僧道基。

道基原本是洛阳的高僧，是隋朝尚书令杨素的偶像，杨素曾专门为道基开设道场，讲经之日万人空巷，名动一方。如今天下大乱，为了避祸，道基也来到了长安，正在庄严寺住锡。玄奘在洛阳时就十分倾慕道基，此时同为逃难之人寄居长安，就和二哥一同住在庄严寺，跟随道基学习佛法。

玄奘本以为在长安就能安定下来，然而，在乱世的洪流中，没有一艘船能锚定不动。看似平静的长安城内，一股危险的暗流正在涌动。

此时，隋炀帝远在江都，作为帝都的长安城，城内却没有皇帝。李渊进入长安之后，迎立隋炀帝之孙杨侑（yòu）为皇帝，遥尊表弟杨广为太上皇。杨广得到这个消息之后心灰意冷，他知道，自己被表哥架空了，李渊已经成为那座城市的实际掌控者。

不过，作为隋朝的旧臣，李渊还不敢公然称帝，中国历史上司空见惯的"登基三件套"还是要做做样子的，这个事可急不来。于是，他学习曹操的步骤，先当上了丞相，然后进封唐王，等待着时局变化。

令李渊意外的是，事情比他想象的还要顺利，大业十四年（618）三月，在江都的隋禁军将领利用关中士兵思归的情绪，推宇文化及为主，发动兵变，缢弑了隋炀帝（时年五十岁）。李渊得到消息后喜出望外，就在隋炀帝被杀的两个月后废黜了杨侑，自称帝，国号唐，年号武德，定都长安，唐王朝自此诞生。玄奘在唐朝初创关键时刻来到了长安，是这一重大历史事件的见证者。

唐朝在隋末战争的乱局中诞生，新生的大唐周边强敌环伺，如李密、王世充、宇文化及、薛举、薛仁杲、萧铣、郭子和、窦建德、杜伏威、沈法兴、李轨等。长安是天下之中，也是四战之地，所以此时的长安并不安全。对于李渊而言，只有剪除了这些势力，才能统一天下。于是，战神秦王李世民开始了他的征伐。

乱世之中的人对世事都怀有一份警觉性，玄奘对长安的困局十分清楚。然而，最令人担忧的危险并非来自长安城外的战火，而是来自李氏父子的姓氏。

杨坚作为北周皇帝的外戚，夺取了北周的政权，到了李渊这里，他学习姨父杨坚的做法，又颠覆了隋朝。手里有兵，皇位抢过来很容易，但要让全天下人认可，则需要讲一个故事才行。崇信佛教的杨坚根据"君权神授"的传统，找了文案高手伪造了一本《佛说德护长者经》，经文记载"当于未来世，于阎浮提大隋国内作大国王，名曰大行，能令大隋国内一切众生，信于佛法，种诸善根"。杨坚鼓吹自己是弥勒的化身 —— 月光童子，按经文中的意思，释迦牟尼在一千多年前就给印度僧人们说，东方会有一个大隋国，皇帝叫杨坚，圣明贤德，让百姓都皈依了佛教。

讲故事的能力几乎是所有创业者必须具备的，李渊或许就是受到姨父的启发，开始依托自己的姓氏优势编造故事。与杨坚找到的灵感来源是佛教不同的是，李渊的灵感来源是道教。

李渊姓李，他首先想到如果历史上的皇帝中有一位姓李的，那就证明李家曾经就有当皇帝的血统，只要证明他是自己的祖先就可以了。幸运的是，在李渊之前，中国历史上真有一位当过皇帝的李家人，他就是笔者的同乡敦煌人李暠。李暠在公元400年建立西凉，是中国历史上第一位李姓皇帝。在古代，可没有 DNA 的检测技术，李渊只要说自己是李暠的后裔，谁也证明不了他不是。找到李暠之后，李渊还不满足于此，因为他发现著名的老子姓李，本名是李耳。老子的大名，在中华大地上无人不知，这个祖先的 IP 是很有必要蹭一下的。于是，李渊就对外宣称自己是老子的后裔。

既然李氏家族是老子的后裔，老子是道家的创始人，为了能把故事持续讲下去，道教还是有必要信一下的。正是因为以上的原因，李渊开始扶持道教，而势力强盛的佛教成为被限制的对象。

其实，李渊对宗教有清醒的认识。比如在《大唐创业起居注》中就记载了这样一个故事：有一个穿着白衣的老人，说自己是太岳山神的使者，前来拜谒皇帝。门人知道皇帝不信鬼神，无论佛教还是道教，都敬而远之，所以不敢引见，怕李渊责罚。

那么，登基后的李渊为什么开始推崇道教呢？除了为新生的大唐提供"神授"的外衣之外，还有限制宗教发展的目的。由于隋朝两代帝王对佛教的支持，很多百姓为了避税，纷纷逃入佛门，这大大增强了寺院的经济。国家不能一日无税收，在当时，免税天堂的寺院成为国家税收最大的竞争者。在古代缓慢发展的生产力之下，国家税收的规模长期固定，就像一杯拥有两个吸管的奶茶，寺院吸走的多了，国家就剩下的少了。

英国经济学家哥尔柏（Kolebe）曾说，税收这种技术，"就是拔最多的鹅毛，听最少的鹅叫"。初建的李唐王朝正是各处用钱的时候，为了打击佛教的发展，李渊决定扶持道教，培养佛教的竞争对手。通过佛教和道教的竞争，挤出更多的税民的同时，也让税收的矛盾转移到宗教竞争上，李唐王室则是坐收渔翁之利。

重 新 出 发

在这样的背景下，长安的佛教受到各种限制和打击，处境十分堪忧。此时的玄奘虽然和李世民住在一座城市里，但作为大唐王朝的创始人之一，年轻时的李世民最讨厌的就是国家危难之际毫无贡献的僧人。

玄奘已经在长安居住一年了，长安城里人心惶惶，完全没有学习的氛围，这让爱学习的玄奘十分愁闷。更令玄奘失落的是，同住华严寺的很多僧人都开始离开长安，打算从别处另谋出路。可是，天下纷扰，哪里才是僧人们的安身立命之所呢？

玄奘经过多番打听，听说很多人打算去益州，为什么要去益州呢？

益州自李冰父子修建了都江堰之后，从原本落后的蜀地变成了土壤肥沃的天府之国。益州自古以来都是一块特殊的地理单元。十万大山围绕着四川盆地，正是因为它相对封闭的地理结构，即使经历了南北朝数百年的战乱，被重山包围的益州就像陶渊明笔下的桃花源一样，并没有受到太大的扰动，人民安居乐业，过着天府的安定生活。

到了隋朝，隋文帝派遣第四子蜀王杨秀镇守成都，在他的治理下，成都持续了它的繁华。富庶的经济是佛教发展的温床，因为只有百姓的兜里有钱，才有布施给僧人的可能。在蜀王的支持下，佛教在巴蜀地区蓬勃发展，已然成为重要的佛教中心。唐朝建立之后，李渊派遣侄子李孝恭入驻蜀地，平稳地接管了政权，使当地经济并没有受到太大的波动。

在当时的中原各地，战争成为司空见惯的事，与其形成鲜明对比的是，巴蜀地区像一个避风港，吸引着天下人的目光。因此，在当时，很多僧人都纷纷前往益州避难，成都则成为汇集天下名僧的佛教圣地。

"学习使我快乐"，这句话放在玄奘的身上一点也不虚假，好学的玄奘常常会遭遇"书荒"的窘境。在长安，名僧们都拥进了益州，玄奘也是心痒难耐，就向二哥提出了前往益州求学的想法。

玄奘说："二哥，我近日听其他师兄讲，很多僧人都前往蜀中避祸。如今长安没有大德，佛事也不兴盛，我们总不能只为饭食处处化缘。即便奔走一天也仅仅是半碗残羹，哪有心思和时间探究佛学呢？再也不能在这里虚度时光了，咱们也去益州求学吧！"

长捷："嗯，这是个好主意，益州安定且富庶，也免得我们在中原四处奔波，居无定所。"

玄奘："好！明日我们就准备好行李，辞别寺主，前往益州。不过，蜀道历来艰险，需好好做准备才是。"

长捷："明日我们可以请教前往益州的商人，邀请他们结伴同行，商人往来蜀道频繁，定熟悉道路地形，可以省去诸多麻烦。"

玄奘："好，咱们就去益州了！"①

卧在禅房里的玄奘再无困意，心里谋划着该准备的物件，一

---

① 《大慈恩寺三藏法师传》："法师乃启兄曰：'此无法事，不可虚度，愿游蜀受业焉。'兄从之。"

束皎洁的月光从窗口透过来，他对视出神，直到天亮。等一切准备停当，他们就走上了去往益州的路，这是二哥陪伴玄奘的第二段旅程。

第三章　长安出游

蜀　道　难

公元619年，玄奘开始了人生的第二次旅行。

云游僧人最好的伴侣是商人，他们丰厚的财力和丰富的出行经验，能够给僧人提供向导和财力支持。当然，商团也十分欢迎僧人的加入，因为佛教传自域外，僧人们往往是古代最早接受多语言教育的人，他们不仅可以帮助商人解决沟通上的麻烦，渊博的知识也可以为商人解惑，给予心灵的慰藉。因此，商人与僧人往往是丝绸之路上最常见的组合，两者是各取所需。

西市上有的是行商各处的商队，玄奘和长捷很快就联系到了一个前往益州购置蜀锦的商团，在春天出了长安城。队伍走了一天，到了子午乡，这里已是关中盆地的边缘，再往前走，就是著名的子午道了。

　　玄奘一行人从子午谷入山，时值四月，秦岭的山尖尖还有一点点白雪，山腰上则完全是初春的山花烂漫。由于下过一场雨，青苔和地衣布满背阴处，山路湿滑，悬崖陡峭，一路走来实属不易。此时的玄奘已经是二十岁的年轻小伙子了，正是年富力强的时候，先前在嵩山已经积累了徒步的经验，所以巍峨的秦岭已经不再令玄奘畏惧了。玄奘不是我们所想象的书呆子，他对所有的知识都保持着一种强烈的饥渴感，对所有独特的生命体验也同样保持着强烈的好奇心。相较于整日在寺院中熟读经书，此时在山野里的徒步是对枯燥的学习生活的缓解和丰富，玄奘在一次次的旅行中，已经爱上了自然。

　　走出子午谷，在石泉县（今陕西省宁陕县）略作休整，换上轻装，之后的路渐渐平缓了起来。到了兴势县（今陕西省洋县），他们换成坐船，沿着汉水，最终抵达汉中。

　　到了梁州（今陕西省汉中市），休息了一夜，得知在洛阳相识的空、景两位法师也在此地，并已经开坛讲法好几天了。真是他乡遇故知啊！玄奘和二哥当即赶往法师们的住处，想留在此地继续学法。见面后，得知法师们也想前往益州，他们欢喜不已，便安心地在梁州城待了下来，等法师们讲经结束，相约一同赶赴益州。玄奘整日与两位法师在一起，殷勤侍奉，苦研佛理，收获颇大，两位法师非常喜爱勤学的玄奘，不禁感叹：玄奘已受我等半生的修行!

学习的时间过得飞快，不觉已经过了一个月左右，众人收拾好行李，玄奘跟着高僧们出了梁州城，走上了艰险的蜀道。

他们从汉中出发，沿着汉水经西县（今陕西省勉县）、金牛县（今陕西省宁强县）、利州（今四川省广元市）、绵谷县（今四川省广元市昭化区），最后到达剑门关，这就是著名的金牛道。置身于蜀山的深处，耳边不再是长安的喧闹，而是来自山泉虫鸟的自然之声，湿润的空气从鼻腔窜进来，游走于四经八脉，玄奘感觉自己就像融入自然的一滴水，舒爽到了极点。

虽说脚下的蜀道艰险万分，但幸运的是，常年前往益州的商队有着丰富的行走经验，玄奘从他们那里学到了很多荒野生存的知识。当然，玄奘学习到的东西还远不止于此，比如还有强大的沟通能力。

由于玄奘"三好学生"的标签，我们习惯性地会把他想象成一个埋头苦读的安静美男子。诚然，幼年时的玄奘因为父母早亡，沉重的打击使他有了沉稳的性格。但是，我们切不可忘记二哥的存在，同样是父母双亡后进入寺庙，玄奘却比七百多年后的朱元璋幸福得多。正是因为二哥的陪伴，即使在寺院中，玄奘仍然能得到无微不至的照顾，所以，他才不会变得如朱元璋那般冷峻。

离开寺院之后，玄奘跟着二哥有多次旅行的经历，作为逃难的"贫僧"，他们必须学会沟通的技巧，从而获得别人的帮助，否则就将饿死街头。因此，历史上的玄奘十分擅长与人交流，可能走到村头就能和嗑着瓜子的老大爷闲聊两句，从而获得他想要的有效信息。走出寺院对玄奘的人生影响很大，这位"学霸"走出了自己的舒适圈，学习了很多社会技能，培养了勇于探索的精神。

商团顺利走出了巴蜀的门户剑门关，继续走了一日，就到了平坦的蜀中盆地了。在李孝恭的接管下，益州果然是政通人和，平坦的盆地在河流的浇灌下形成肥沃的土壤，丰衣足食的生活保证了蜀地的繁荣，蜀民天生的自得其乐的性格让这里果真如天府一般。玄奘万万没有想到，在杀人盈野的乱世，还会有这样的净土，这不就是佛经中记载的弥勒佛国吗？

玄奘感叹着蜀地的富足时，也想起了故乡的残破，一想到父母的坟茔或许已经被战马踏平，不禁落下泪来。商团还在有条不紊地行进着，他们经梓潼（今四川省绵阳市）略作休整，最终抵达成都。

玄奘从长安到益州，是他一生中第一次为了求经远行，但这里绝不是他的终点。不过，就是从这次蜀道远行中获得的旅行知识和徒步经验，为其后来那次蜚声中外的西行壮举打下了坚实的基础。

在成都出家

　　益州真是个好地方呀！中原战乱纷起，民生凋敝，很多避难的人都希望在佛国世界中找到寄托，益州因此佛寺极为兴盛。在这里，玄奘和二哥寄居在空慧寺（今成都大慈寺），并拜高僧道基、宝暹（xiān）等为师，专心致志地研究佛经。

　　来到益州的时候，玄奘已经成年，就向寺里的方丈请受具足戒。具足戒是从沙弥变成僧人的标志，从此之后，他获得了人生中最重要的一个证书，即度牒，有了它，玄奘就等于是一个有身份证的僧人了。度牒不仅给予了玄奘免税和自由行走的权利，同时也规定了他必须遵守佛门的二百五十条戒律，这些严苛的戒律将会成为他一生的行为准则。二十一岁的玄奘在益州举行了作为一名僧人一生中最重要的仪式，因此，成都也是玄奘人生中的重要节点。

　　虽然已经来到了益州，但生逢乱世的高僧们内心一直有着深深的忧虑，眼见战火四起，他们担心益州也不能独善其身。益州的高僧们此刻最希望的是找到一个可以托付终身所学的年轻人，让他能够继承佛学的法脉，把佛陀的思想在乱世中继续传承下去。玄奘的到来，让他们看到了希望。

　　天下名僧云集的益州是一片学术氛围十分浓郁的海洋，玄奘仿佛是这片海域的鱼，畅游其中，吸收着丰富的养分。玄奘勤学好问，遍访了各派高僧。在众多老师之中，甚至有一位乞丐。

　　这着实是一件怪事。有一个浑身长满烂疮的乞丐，身上常发出奇臭难闻的味道，他常常来玄奘居住的寺庙乞食。众僧人对他避之不及，只有善良的玄奘并不嫌弃他的秽臭，经常拿着自己的口粮接济他。乞丐见玄奘如此善心，就在怀中掏出一本《般若心经》，是中原难得一见的版本。玄奘问这本经书的来由，乞丐说来自佛教的故乡印度。自此，玄奘对印度萌生了向往之情。

　　在益州自己的禅房里，玄奘点起了他人生中不灭的长明灯，夜深人静的寺院，除了大殿里佛坛上的灯光外，只有他的灯光依然伴着细微的诵经声。春去秋来、寒来暑往，每个寺里的僧人在就寝和起床的时候，望一望那盏在远处闪烁的灯火，就知道有一个叫玄奘的人一直在守护益州的深夜，从未间断。他就像一只没有睡意的蝉，趴紧一棵树，熟悉着这座城的暑寒冷暖。仅在两三年间，他已精研了佛学的重要经典，并且精进不少。在当时名僧云集的益州，玄奘和二哥两人是青年僧人的代表，因两人精深的佛法造诣，被当时人誉为陈门二骥。

　　书籍对于玄奘这样的"书虫"而言是极为可口的食物，他本以为益州的佛经繁多，可以保证自己终生的精神食粮。然而，玄奘还是低估了自己的读书速度，在可怕的记忆力面前，佛经宛如丢进粉碎机里似的，一点也经不起玄奘读。为了满足读书的欲望，玄奘在闲暇之余又开始读儒家和道家的经典。可是，没过多久，这两家的经典又被他读遍了。益州的道士们自恃国教之威，曾跑来寺庙中与僧人辩经，令他们决然没有想到的是，玄奘竟然用道家最擅长的《道德经》辩得他们哑口无言，最后只能羞愤离去。从这个事件中，我们看到了玄奘对道家经典的掌握程度。当然，他决然想不到的是，中国传统哲学走出国门就是由他一手推动的。

玄奘是一个求知欲极强的人，小小的益州城已经不能满足他求知的欲望了。他渐渐萌生了走出益州城的想法，以往，只要是自己的想法，二哥总会支持自己，所以这次他也向二哥提出了想法。

长捷："什么？我们刚刚从战乱的中原躲到益州，你怎么又想回去？"

玄奘："益州虽好，可是偏居西南，是佛法传入的支脉，只有中原才是佛家的中心地域。"

长捷："佛法全在经文之中，寺院里不是有很多经书可以看吗？"

玄奘："那些书我已经读遍了。"

长捷:"……佛法岂是读过就能了解的,还需细细研修。"

玄奘:"那些书有的语句不通,有的词不达意,有的前后矛盾,明显是传抄时的笔误,读那些书只会越读越混沌,甚至堕入迷渊。"

长捷:"……修研佛经最忌心浮气躁,况且如今天下大乱,中原之地非常危险!"

玄奘:"明知前方有精妙的佛法,怎么能因担忧自己的安危而不顾呢?我们此生的宏愿不就是参透佛理吗?"

长捷:"不管怎样,就是不许你去!"二哥这次真的生气了,甩门便走了。走在路上的时候想着:自己的弟弟最近怎么变了,决然不是那个听话的孩子了。一定是熬夜读经,学成书呆子了,还说要去中原?千万不能让他去,茫茫天下,怎么能让他一个人在外奔波呢?要是……他不敢想了,对!明天要是他还不听,就把住持请来说,他最尊重的就是师父了,一定会打消这个念头的。对!就这么办。这样想着,长捷心里有了主意,就回房休息了。

第二天,二哥心平气和地过来谈心,他发现玄奘似乎是想通了,当他说到种种顾虑时,弟弟竟然满口答应,打消了东行的念头。这不禁让他有点蒙,不过弟弟能听进去劝告即是好事,他也没多想,就以为这事算是了了。

他怎知玄奘如此退让只是为了安抚他,不让他起疑而已,玄奘其实一直在默默计划着东行的事情。过了几日,他准备好行李,跟相约一同结伴的商人打了个照面，到了夜里，坐上一条商船，船夫喊了声号子，就启程离开了。

离岸越远，玄奘的心里越想念起二哥来。望着河岸上的灯火，想起以前的事，二哥护了自己半生，如今却要弃他而去，心头满是愧疚，不知何时再能重聚呢？

在第二天清晨，二哥不见玄奘来做早课，便到禅房里来叫他。只见房内收拾得整洁，被褥、经文、钵盂等物都不见了，寺院里各处找遍了也不见踪迹，才知他一定是离开了益州。扑通一下，脚下一软，二哥跌倒在荷池边，呆呆坐了一个下午①。

玄奘就这样偷偷乘船离开了二哥。之前玄奘虽然出家了，但二哥一直在寺院之中为他营造了家庭的氛围，让玄奘从世俗人到僧人的身份转变中没有受到一丝伤害。这一次，玄奘离开二哥，才是真正"出家"，以后的路需要他独自一个人走了。可以说离开益州时，玄奘迎来了真正的取经之路。

唐初的统一战争

玄奘在益州学习的这几年间，天下形势发生了巨大的变化。

---

① 史料中并没有玄奘兄弟两人分手的具体细节，本段是笔者根据历史情境进行的文学性创作，以增强叙事的完整性。

玄奘绝不是一个愣头青，他之所以敢走出益州求学，主要是因为未来的"皇帝哥哥"李世民已经为他扫清了路途上的障碍。

李渊在关中称帝时，唐朝仅占有关中（今陕西省）和河东（今山西省）的部分地区，华夏大地上还存在着大大小小的数支割据势力，主要有：薛举、李轨、刘武周、梁师都、王世充、萧铣、林士弘、窦建德、杜伏威等。李渊为了统一中国，采取了先固关中、东攻中原、再平江南的作战方略。

为了巩固关中的大后方，李渊决定先消灭盘踞在陇西的薛举，他选择的主帅就是李世民。薛举据有陇西之地，拥兵十三万，在金城（今甘肃省兰州市）称帝，与关中仅仅隔着一座陇山，是唐朝的肘腋之患。唐朝初建时，薛举首先发动进攻，此时恰逢李世民生病，导致唐军首战失利。不久，薛举病死，他的儿子薛仁杲（gǎo）继位。大唐军神李世民痊愈后发动浅水原之战，一战击败了薛仁杲，黄河成为唐朝的西部边境。

黄河以西的河西走廊是连接西域的枢纽，汉武帝曾称其为大汉的臂膀。这里由隋朝旧臣李轨占据，凭借着黄河和乌鞘岭的山河屏障，自成一方割据势力。为了能够沟通西域，张开大唐的臂膀，李渊积极策反李轨的大臣安修仁，通过政变的手段拿下凉州城，完成了对西北的统一。日后，这条路将是玄奘取经的重要通道，在李氏父子的努力下，河西走廊已经畅通无阻。

　　武德二年（619），李渊的老部下刘武周发兵南下，打败了留守太原的李元吉，李渊的大本营被攻占。为了夺回起事的根据地，李渊继续派"救火队员"李世民前往河东，收复失地。李世民自少年时就生活在太原，对河东地形十分熟悉，他带领唐军精锐，连续打败刘武周和宋金刚，招降尉迟敬德。最后，迫使刘武周、宋金刚逃奔突厥，河东之地顺利收复。

　　武德三年（620），北方最大的阻碍就只剩下在洛阳称帝的王世充和在河北称王的窦建德了。于是，李渊派李世民围攻洛阳，取下东都。王世充当然不是李世民的对手，他通过"唇亡齿寒"的道理说动窦建德前来相救，本以为两军联手一定能打破李世民的军事神话。然而，事实却十分残酷，无非是王世充和窦建德用自己的性命再一次证实了李世民的能力。环顾当时的天下，似乎无人可以阻挡这位军神的打怪升级之路。

　　洛阳和虎牢关之战后，北方基本统一，李渊就把视野放到了南方。

　　割据南方的是萧铣（xiǎn），他是南朝梁国皇族萧氏的后裔，于武德元年（618）称帝，占据了西至三峡、南抵交趾、北距汉水、东到江汉的广大地盘。不久，他把首都迁到了玄奘父亲当过县令的江陵，与唐朝隔江对峙。萧铣本以为自己占有长江天险，可以与李渊划江而治，占据半壁江山。然而，权力的赛场上只允许留

· 玄奘故里 邢耀龙摄 ·

· 隋炀帝墓志铭 木岛主摄 ·

· 金牛道 邢耀龙摄 ·

· 成都大慈寺 胡邠摄 ·

· 邺城造像 邢耀龙摄 ·

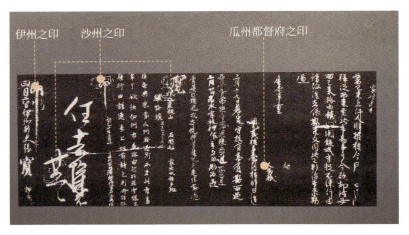

伊州之印　沙州之印　　　　瓜州都督府之印

· 石染典过所 新疆博物馆藏 ·

· 鸠摩罗什寺塔 邢耀龙摄 ·

· 玄奘在瓜州停留时的塔尔寺 邢耀龙摄 ·

下最后一个选手，而这个选手却注定了不是他，因为李孝恭已经掌控了玄奘所在的巴蜀。巴蜀地区位于荆州的上游，只要率领水师沿着长江而下，就能对长江中下游地区造成重大的军事威胁，更何况萧铣的对手是李世民的堂兄弟李孝恭和大唐第一名将李靖。武德四年（621），李孝恭利用长江水涨，率唐军顺江而下，犹如神兵天降，萧铣无力抵抗，只得出城迎降。

在益州的时候，玄奘目睹了这位战功赫赫的赵郡王李孝恭和常胜将军李靖统军走出成都时的样子，他们合力消灭了南方最强大的对手，创造了新的战争神话。更令玄奘欣喜的是，战争中孕育出了珍贵的和平，江南在此战之后开始稳定下来。

离开中原时，华夏山河破碎，如今战火渐息，玄奘十分迫切想要看看这个在废墟中重新建立起来的新王朝，新生的大唐让他充满了好奇心。正是出于这个原因，玄奘才决定离开益州，去中华大地上走一走。

游 学 天 下

玄奘与商人结伴，乘坐着商船，沿着李孝恭走过的长江河道泛舟而下。这里是长江上游，水流十分迅疾，玄奘站在船头欣赏着两岸的群山，山顶的猿猴被飞驰的木船惊起一声声啸叫，还真有一百年后的李白所写"两岸猿声啼不住，轻舟已过万重山"的感觉。

　　没几日，玄奘就来到了父亲曾经出仕过的江陵。当然，这里也是玄奘出生的地方①。此时，江陵之战只过了不到一年的时间，在街道上的石头缝中散溢出的浅浅腥味里，隐藏着战争残酷的佐证，长江的波涛击打在岸边的巨石上，一如攻城那日士兵的冲杀声。城里的人们似乎早已忘记了那场惊天动地的大战，街市上人声鼎沸，仿佛迎接一个时代的重生。所有人都如释重负，欢庆着安定下来的好日子，只有玄奘不合时宜地流下了眼泪。

　　是的，他想父亲了。

　　父亲逝世已经十三年了，这同样也是玄奘离开家的时长。洛阳还在，陈河村还在，但乱军的铁蹄或许早已经将陈河村的坟茔踏平，而奔波在路上的玄奘怕是找不到了。如今，玄奘把脸贴在江陵城的老城墙上，似乎只要仔细听，就能听到父亲在自己出生的那一日开心的笑声。听城里的百姓说，这一段城墙就是父亲当年带人修起来的。玄奘得知这些砖石里有着父亲的手迹，霎时间再也控制不了情绪，跪在城墙前失声痛哭。眼泪好似三峡的江水，从眼眶中奔涌而出，路过的百姓纷纷侧目看过来，以为这个年轻

---

① 按照陈慧出仕的时间和玄奘出生的时间，玄奘应该出生于父亲担任江陵县令时期，所以，玄奘或许就在江陵降生。

的僧人是大唐的"孟姜女",誓要把城墙哭塌了一样。

玄奘打算在江陵多停留一些时日。如今,玄奘已经是一个有身份证(度牒)的僧人,度牒在古代历史上的诸多证件中算是最实用的,它不仅有通行证、免税证、身份证和工资卡的作用,同时还是一张免费住宿证。有了它,玄奘可以免费入住天下所有的寺院。在唐朝,每一个城市几乎都有寺庙,这样的普及率要比今天的连锁酒店还要强。

玄奘来到江陵之后,暂住在天皇寺。益州与荆州(治所即江陵)相邻,玄奘作为益州青年僧人的代表,名声已经传到了荆州。经过隋末唐初的战乱之后,大量佛经流失,很多名僧也在战火中亡故,所以佛学十分凋零,荆州的僧人们十分渴望名僧为当地带来新气象,玄奘的到来让大家看到了希望。江陵作为长江中上游交通的中心,有着十分开放的学术精神,僧人们并没有因为玄奘年轻而质疑他的修为,寺主在天皇寺开设了讲坛,邀请玄奘讲经。于是,二十三岁的玄奘第一次登上了属于自己的经场,在中国历史上,除玄奘外,只有鸠摩罗什才有这样的天赋和殊荣。

开讲之日,江陵城的百姓蜂拥而至,都来听这个二十岁出头的俊朗青年讲法。好在,学霸玄奘"五明"的功课都很好,尤其是声明一科,锻炼出洪亮的嗓音,放在今天,绝对算是主持人大赛的种子选手。即使是数百人的会场,他也能让所有人都能听得到讲经的内容。当然，除了身如玉树的容貌和声如洪钟的声音之外，最令人啧啧称奇的还是玄奘高深的佛学境界，记忆力超强的玄奘对经文倒背如流，玄妙的疏论连荆州的大德高僧都自叹不如。众人听玄奘讲经，宛如享受一场悦耳的歌剧，玄奘浅显易懂的讲述方式让不识字的百姓都沉迷其中。

之后，来听讲的百姓越来越多，以至于踢烂了寺院山门的门槛。玄奘连续讲经一个多月，百姓们还觉得不过瘾，天皇寺的僧人们为了满足大家的需求，就邀请玄奘继续讲经下去。于是，玄奘就踏踏实实地住在江陵，从夏天一直讲到了冬天。

玄奘在江陵讲经期间，荆州各地都有人前来听讲，结束之后，他们就像散布在各郡县之间的宣传队，把玄奘的名声传遍了各地。不久，就连汉阳王都听闻了玄奘的口碑，亲自率领一批官吏和僧侣前来听讲。汉阳王李瑰（guī）是李孝恭的弟弟，玄奘的一生与李氏家族有着十分奇妙的渊源，李氏诸王的功业深刻影响了玄奘的轨迹，这是自玄奘出生时就纠缠在一起的宿命。对于李瑰而言，他是十分幸运的，因为他比李世民更早接触到了玄奘。李瑰自幼熟读各家经典，对佛学也颇有造诣，在现场听了玄奘的高论之后，立刻就被玄奘的智慧折服。当然，后来的李世民同样也抵挡不住玄奘这样的魅力。

李瑰十分崇敬玄奘，为了资助玄奘的讲学，布施了许多财物。

他本来想要多听玄奘的讲经，但朝廷的征召打断了他与玄奘短暂的相遇。原来他不仅是名震江南的大将，还是一位声扬域外的外交官，当时突厥屡次侵犯唐朝边境，李渊派遣侄子李瑰出使突厥。突厥颉利可汗起初十分轻视这位二十几岁的皇室公子哥，但李瑰的才智很快折服傲慢无礼的颉利可汗。在李瑰军旅出身的强大气势下，颉利可汗自知李瑰不可威胁，最终只好同意议和。李瑰完美地完成了出使任务，当他载誉回到荆州时，玄奘已经离开了。

　　玄奘此行的目的地并不是荆州，在天皇寺居住的这段日子里，天下逐渐安定下来，长安重新显示出帝都的气势来。自佛教传入中国之后，长安一直以来都是佛教中心之一，随着战乱平息，僧人也逐渐向长安聚集，成为名僧云集的圣地。玄奘十分清醒地认识到，自己不能一直沉浸在荆州的虚名之中，如果要习得更高深的佛法，还是要去有高僧的地方。

　　然而，玄奘并没有立刻动身前往长安。生逢乱世，塑造了玄奘谨慎的性格，正是这份对任何选择的慎重和机敏，使玄奘一次次逃脱困局。玄奘之所以没有从江陵直接前往长安，主要是因为他对李渊看待佛教的态度还不太清楚。当年在长安时，李渊尊崇道教，众多长安僧侣因此离开关中。如今过了多年，朝廷除了收紧对度牒的管理之外，似乎并没有僧人所担心的灭佛的迹象，太史令傅奕曾上《请废佛法表》，皇帝也没有理会。这一切似乎都向着好的方向在发展，但谨慎的玄奘不想以身试险，他决定先去北方各地寻访名师，观望一下长安的风向，然后再做打算。

在江陵的玄奘十分想念故乡，就取道北上，经过襄阳、南阳之后，最终抵达洛阳城外的陈河村 ①。故乡的情况要比玄奘想象的好一些，洛阳虽然经历了数次大战，但偏僻的陈河村还有故人活了下来。可惜，在活下来的众人中，并没有大哥的身影，此时只有姐姐还在故乡。

玄奘与姐姐祭扫完父母的墓之后，继续出发北上，来到了相州（今河南省安阳市）。就在一年前（622），刘黑闼在相州自称汉东王，建年号为天造，与唐廷对抗。李世民在洺水之战中打败刘黑闼，使他逃亡突厥。六月，刘黑闼借得突厥兵东山再起，击败齐王李元吉，相州以北州县相继归附。唐廷三次换帅，太子李建成代替李元吉后，终于在武德六年（623）初击败刘黑闼，山东之地终于平定。

玄奘抵达相州的时候，刘黑闼之乱刚刚平定不久，李氏父子为玄奘的游学创造了稳定的社会环境，这是大人物对个体命运的

---

① 史籍记载玄奘从荆州去相州，洛阳不仅在这两州的中间，也是北方官道的枢纽，所以，玄奘途中必然要经过洛阳。既然到了洛阳，多年未归家的玄奘必然会去故乡陈河村祭拜父母的坟茔。我们不知道此时玄奘大哥和姐姐的情况，从后来的史料记载来看，姐姐依然健在，大哥或许在隋末战乱中丧生了。

影响。玄奘的北游之路几乎紧跟着战事推进，此时的玄奘宛如一线记者一样，他一路上看到了很多战后百姓的生活现场，那些苦难深深地刻在了玄奘二十几岁的记忆里。一个人的成长不在于他经历过多少苦难，而在于经历之后的沉淀和思考，玄奘恰巧是隋末唐初那个时代里最善于思考的人。所以，我们应该认识到，玄奘是隋唐变革这个中国历史的关键时刻的亲历者和见证者，正是因为他徒步走过了初唐时的大半个中国，才对这片土地有了至为深刻的认识，这些认识产生的智慧结晶，成为中华民族传承千年的精神财富。

除了看到苦难之外，玄奘从废墟中也看到了新生，看到了民众期待和平和重建家园的信心。正是因为这段经历，等他在二十年之后返回大唐时，他被眼前的景象惊呆了。经过二十年的经营，李世民已经重塑了国家，这个后来被称为"贞观之治"的时代，玄奘最能知道它的得来不易。

我们再次回到玄奘初到相州的历史现场，来看看玄奘在相州的经历。相州是北朝时期的佛教中心，著名的佛都邺城就在附近，玄奘在相州遇到了高僧慧休法师，跟随他学习了八个月。慧休法师教授过众多弟子，玄奘的才学让他十分惊讶，忍不住赞叹说："玄奘法师对佛经的领悟力超群，恐怕天下没有几个人能比得上他呀！"

　　离开相州以后，玄奘继续北上，来到赵州（今河北省赵县），拜谒道深法师，跟着他学习俱舍论。十个月后，玄奘尽得道深真传，辞别老师之后，就踏上了前往长安的路。

第四章　取经计划启动

长安佛教的困局

武德七年（624），武则天出生，玄奘则重回久别的长安，两人的命运开始在这一年发生交集。

此时天下重归一统，李渊也从长安城的仓库里整理出很多钱粮，这是表弟杨广为他留下来的遗产，他就靠着隋朝遗存下来的资源，重建百废待兴的王朝。在长安城，玄奘见到了法常、僧辩两位高僧，他们精通大小二乘，对玄奘思想的开拓和巩固起了关键性的作用。每当一代名僧进入老年，最大的希望就是能够找到托付毕生所学的继承人，玄奘就是两位高僧理想的继承者。两位高僧在教授玄奘的时候，对玄奘渊博的才学和超群的天赋大为赞赏，在他们的认证下，玄奘成为长安青年僧侣的代表。

就在玄奘于长安学习时，太极宫里正在举行着一场关于灭佛的讨论。

灭佛的发起者是太史令傅奕，作为隋唐时期著名的历史学家，高深的历史素养培养了他的"唯物主义"精神。他从小博览群书，认为佛像只是砖瓦做的雕像，他是一个坚定的"无神论者"。早在武德四年（621），性格刚烈的傅奕就给李渊上了一份《请废佛法表》。但是，当时唐朝刚刚建立不久，天下还未平定，为了能团结各方面的力量，李渊并不能公开反对势力极大的佛教，所以并没有同意傅奕的建议。

武德七年（624），不甘心的傅奕又给李渊上了一份《请除释教疏》，奏章中从各个方面分析了佛教的危害，痛斥僧侣对君不忠、对父不孝，瓦解了社会的伦理纲常；在经济上，僧侣整日游手好闲，不从事生产，其中绝大多数人更是为了逃避赋役才剃发出家的，严重削弱了国家财政；在思想上，僧侣们讲妖法邪术，恐吓和愚弄百姓，导致人心丧乱。如果任由佛教大肆传播，就会导致人口减少；田地荒废，无人耕种；老无所依，幼无所养；不畏刑法，触犯法律。

傅奕的文章鞭辟入里，深深触动了李渊，于是将这个问题拿到朝堂上来讨论。然而，李渊时代的朝臣们绝大多数出生于佛教盛行的北朝和隋朝，尤其以中书令萧瑀为代表的众多老臣是坚定的佛教信徒，傅奕超前的"无神论"观点在当时难有支持者。作为皇帝，李渊的内心并不喜欢与皇权分庭抗礼的教权，但面对这么多朝臣和贵族的反对，李渊只能不了了之。

在这次朝廷的辩论会中，傅奕虽然是全场最佳辩手，但最后的获胜方还是反方的领头人萧瑀。萧瑀之所以如此崇信佛教，是因为他的高祖父就是三次把自己捐给寺院的南朝梁武帝萧衍。萧瑀与隋唐皇室的关系十分密切，他的姐姐是隋炀帝的萧皇后，妻子是李渊的表妹，从小就与杨李两家来往密切。在唐朝初年，萧瑀是南方士族的代表，又与关陇贵族有着十分复杂的姻亲关系，所以这位妹夫的意见，李渊不得不慎重考虑。

萧瑀在朝堂之上如此卖力保护佛教，除了对佛教的喜爱之外，还有一个原因是他的朋友之一就是玄奘。

唐代高僧冥祥所写的《大唐故三藏玄奘法师行状》记载，宋国公萧瑀对玄奘十分推崇。萧氏家族一直以来都是佛门的拥护者，有很高的佛学修养，玄奘的佛学能够得到他的认可，足见二十岁出头的玄奘已经达到了常人难以企及的水准。

在长安学习的玄奘恰似一头饿了很久的白象，众多经本成为他最可口的食物。然而，把各门各派的经论都读过之后，玄奘发现中原的佛教有一个十分严重的问题。原来，隋唐之际正是中国佛教各大宗派形成的阶段，云游多年的玄奘已经拜访过很多名师，这些高僧各有所长，他们对同一本佛经的理解也各不相同，到底谁是谁非，实在难以取舍。造成这种现象的原因是佛经翻译工作的问题。佛经产生于古印度，距离中原有上万里，在佛教传入中国的过程中，从中亚、西域、河西走廊到中原，各地的僧人都加入了佛经的翻译事业中。当时也没有专业的外国语学院，放在今天，很多高僧外语"四级"没过就当起翻译家来了，由于翻译水平的高低和理解方式的不同，各家翻译出来的经文有很大的差别。另外，在印刷术初创的年代里，佛经的传播主要依靠书手的抄写，在抄写的过程中，这手一抖眼一黑，就难免会出现纰漏。经过数百年的传抄，唐初流通的经文与鸠摩罗什翻译出来的经文已经有很大的区别。就算是来自于古印度的原始梵文经典，在上万里的丝绸之路运输的过程中，散失或残缺不全也是常有的事。正是因为以上种种原因，导致佛教流派越来越多，佛经版本越来越杂乱。

佛经中很多语义不通、前后相悖的理论深深困扰着玄奘，经过多年的学习，玄奘深刻地体会到了"盗版教科书"对一个学生的危害，而今天大唐的子民就正被这样的教材毒害着。为此，他感到了深深的忧虑。

哪里才有"正版教科书"呢？

玄武门之变与李世民的拒绝

就在玄奘为读不到真经而苦恼的时候，玄武门前发生的一件事，彻底改变了他此后的命运。

武德元年（618），李渊在长安称帝时，就按照立嫡立长的传统，将李建成立为太子。作为储君，李建成一般都在长安城里，帮助李渊处理政务，平日的工作类似现在的收文件、看报表等等。然而，天下还有很多割据势力对唐王朝虎视眈眈，只有消灭这些对手，才能坐稳江山。太子作为未来的希望是不能轻易动的，所以平定天下的累活只好让剩下的几个儿子去做。可惜老三李玄霸和老五李智云在起义前就早亡了，老四李元吉是个常败将军，只有老二李世民才能肩负大任。于是，天选之子李世民作为顶梁柱，开始了他的征战之路。

在唐初平乱的战争中，李世民完美地展现了自己的军事天赋，几乎做到了每战必克，建立了不朽的战功。因为军功卓著，李渊先后封他为司徒（三公之一）、尚书令（相当于宰相）、中书令（亦相当于宰相），乃至无可再封时，便创造了史无前例的天策上将之职，位在诸王之上，成为仅次于李渊和李建成的存在。正是因为常年征战，李世民不仅牢牢掌握了兵权，而且还在征伐中结识了很多人才，与他们结成亲密的战友关系。这些人有长孙无忌、尉迟恭、侯君集、房玄龄、杜如晦、宇文士及、高士廉、程知节、秦琼、段志玄、屈突通、张士贵等等，他们每一个人都是当时十分耀眼的将星天才。在他们的拥护下，秦王府的势力已经超过了太子一派。

武德九年六月初四庚申日（626年7月2日），太子府和天策府的对抗迎来了终局。李世民在玄武门发动政变，李建成、李元吉被杀。之后，李世民入宫面见李渊。李渊还在宫内的海池上划船，知道李世民发动政变时，尉迟恭身披铠甲，手握着锋利的长矛就站在他的身后。事情已经成为定局，成熟政治家李渊并没有沉浸在失去两个儿子的痛苦中，在短暂的惊愕之后，他就和儿子李世民演了一出相拥而泣的戏，抚着李世民的背说："我早就想把国家交给你，好儿子，你怎么才来呢？"

三天后，李渊立秦王李世民为皇太子，又颁布诏书："从即日起，国家的各项事务，无论大小，全部委托太子裁决，然后再报送给我。"

到了九月份，李渊颁布诏书，要将皇帝位传给太子李世民，自为太上皇，这又是一场感人至深的让位戏码。李世民按照古代皇权交接中常用的"三辞"惯例，经过三次谦让，李渊始终坚持退位，李世民只好勉为其难地登上皇位，是为唐太宗，从此开始了他辉煌的皇帝生涯。

玄武门之变对玄奘的影响很大，决定他未来命运的李世民成了皇帝，决定他当下命运的好友萧瑀就是这场政变的参与者。

当时，萧瑀就在宫中的海池里陪李渊划船，李渊自小在北方长大，像所有没有见过大海的"旱鸭子"一样，他有着对海洋的冲动和向往。萧瑀作为南朝萧梁皇室的后裔，自小在长江边长大，因此水性极好，就常常陪大舅哥李渊划船。李世民对这位没有反对自己登基的姑父十分赞赏，在登上皇位之后，将其任命为尚书左仆射，位同宰相。但是，萧瑀与李世民在思想和政治路线上有严重的分歧，从而导致了六次罢相的经历。

我们知道，萧瑀是资深的佛教徒，而登基之初的李世民却是道教的拥护者。李世民推崇道教，除了用老子血统的噱头来解释李家王朝继承天命的正当性之外，也需要用道教充当批判隋朝杨家天子的思想武器。另外，李世民是个成功的创业者，大多创业者为了能让自己的用户跟随，往往都需要一个有趣的创业故事，在当时，一位道士的预言就被当作李世民天选之子的故事材料。

那是一个叫王知远的道士，李世民还是秦王的时候，曾带着谋士房玄龄等人乔装微服拜访王知远，王知远提前出门相迎，并且当着所有人的面对着李世民说出了一句要被砍头的话："此中有圣人，得非秦王乎？"正是这句话，让李世民坚定了对皇位的觊觎之心，他知道自己的表舅杨广就是老二，所以自己凭什么就不能当皇帝呢？

后来，事实果然应验，李世民成功复制了杨广的登基之路，实现了人生梦想。即位之后的李世民对道教的推崇超过了佛教，这激起了佛教徒的激烈抗议，其中的代表就是萧瑀和高僧法琳。

法琳不仅是萧瑀的亲密战友，也是太子李建成支持的长安佛教领袖。玄武门之变以后，太子一派失势，法琳的"政治投资"以失败告终。然而，他不甘心佛教被打压，作为佛门的斗士，他一直活跃在政坛，与道士们打嘴皮子官司，辩论道佛之间的优劣。有一次，在道士们用大唐李氏的祖先是陇西李氏来佐证道教的政治正确时，颇具直男性格的法琳通过遗传科学的知识说李氏来自塞外的阴山李氏，实际上属于五胡。

此言一出，大唐的皇室成了胡族的后裔，一时朝野震动。李世民得知自己一夜之间变成了胡人的后代，这让他怒不可遏，立即派人把法琳和尚抓起来关进天牢。既然法琳要跟他讲科学，李世民也跟科学较上了劲，"你法琳常说观音菩萨可以救苦救难，我如今给你七天的时间，让你慢慢向观音菩萨祈祷。七天之后我要将你凌迟处死，看你的观音菩萨是救也不救！"

法琳在天牢里并无异常，七天后，李世民再次见他，问："我如今要杀你，你的观音菩萨怎么还没有来救你呢？"

法琳扑通一下跪在皇帝面前，合掌向皇帝叩拜说："我这七天天天念的不是菩萨，而是陛下，您就是观音菩萨的化身。"

看着长安城的佛门领袖如此操作，唐太宗一时不知该怒还是该喜。既然法琳说自己是观音菩萨，他就做了个顺水人情，饶了法琳一命，把他流放到益州。巧合的是，那里正是玄奘出家的地方。另外，值得一提的是，观音菩萨原来叫"观世音菩萨"，就是因为名号里有个"世"字，为了避李世民名讳，菩萨也被迫改名。

就在李世民登基不久，玄奘的那个关于"正版教科书"的问题已经有了答案。原来，在长安城，住着一位来自天竺的高僧，为了接触第一手材料，玄奘拜其为师，学习梵语。在课堂上，这位外语老师告诉他，最原始的佛经来自天竺，天竺的那烂陀寺里拥有玄奘想要获得的知识。为了弄清佛教的教理，玄奘决定亲自到佛教的发源地天竺去求法，于是邀请几位有取经意愿的僧人一同上书请求批准。

很快，朝廷做出了答复：不许！

其实，这个结果在意料之中。首先，取经对中原佛教的意义极大，中国历史上每一次的取经活动都会推动佛教的发展，这是反对佛教扩张的李世民不愿看到的。其次，《西游记》中的李世民是唐僧的皇帝哥哥，但在真实的历史中，当时的李世民并不认识玄奘，对于这种二十多岁的毛头小子的冒险行为，李世民不可能同意。最重要的是，为了防备北方的东突厥和西北方的西突厥，李世民在西北陈兵数十万，正计划解决西北的边患问题，因此朝廷封闭了玉门关，颁布禁令，不许百姓随意流动。

在这样的背景下，玄奘的提议自然被驳回。而出关越境，必须向朝廷申请，取得过所（即唐代的护照）才可出行。此时，萧瑀也被罢相，玄奘没有门路，同伴们都打了退堂鼓，各自回到寺院里苦修。

对一般人而言，在朝廷明令禁止的情况下，取经已是完全不可能的事，但只有玄奘毫不灰心。从这一件事可以看出，玄奘绝不是《西游记》中那种羸弱的形象，二十几岁的他是一个很不安分的年轻人，有着年轻人绝不轻言放弃的冲劲，更难得的是，他还有无所畏惧的勇气。可以说，此时的玄奘就像现实版的孙悟空，他受不得世俗权力的约束，敢拿性命与那高高在上的皇权搏一次。从这里也可以看出，《西游记》中天不怕地不怕的孙悟空，可以说就是历史上玄奘的一个分身。

玄奘一面努力学习梵语，为前往天竺取经做准备，一面等待时机的到来。

逃出长安城

自从上书被拒之后，玄奘似乎变了个人，在众僧的眼中，玄奘法师变得有些世俗了。玄奘是长安青年僧人中的代表，因为其精深的修为，很多寺院和王公贵族常常邀请他讲经。为了精进佛法，原先的玄奘十分抵触频繁的社交活动，而是把大多数的时间都用来研习经本，但此时的他却开始大量接受讲经的邀请。在当时的长安，似乎没有人可以抵挡他讲经时散发出来的魅力，各路王公大臣们都忍不住在玄奘的讲坛下撒钱，以至于每次讲经结束之后，玄奘常常是踩着铜钱走下讲坛的。但更令人错愕的是，原先的玄奘视金钱如粪土，每当有施主施舍钱财的时候，他就会把财物捐给寺院，用作寺院的活动经费，可此时的玄奘却往往是将大部分收入自己的囊中。

很多师兄弟为了玄奘的名誉，旁敲侧击地询问缘由，玄奘往往只是笑而不语。玄奘为什么变成守财奴呢？因为他要为自己的西行筹集路费，他已经从梵语老师那里打听到了前往天竺的路途，这数万里的路，没有钱财是绝对无法抵达的。

可能有人会说，玄奘既然是僧人，佛经中讲过"僧人不蓄私产"，何不一路化缘而去，这不是更显得玄奘虔诚吗？然而，玄奘可不是只知道读经的榆木疙瘩，他的一生足够坎坷多变，在困难之前，除了感人肺腑的热爱之外，只有理性和谨慎才能让玄奘渡过一次次难关。玄奘知道"马儿没草走不远"的道理，在长安去天竺的数万里路上，有无数个困难和不确定性在等着他，这远比《西游记》里的那几十个妖怪还要恐怖。为了完成取经的目标，玄奘杜绝一切的矫情和世俗的偏见。要论取经的热情，天下没有人比玄奘更狂热，但他必须用理性的锁链控制住自己感性的情绪，用工程学的思维拆解他面对的每一个难题，因为情绪是解决不了问题的。在丝绸之路上，不是所有的地方都欢迎一个僧人和逃犯，他必须有钱傍身，没有钱就会死，死了就取不了经，这是每一个人都知道的道理。

除了筹集路费之外，玄奘还要加紧梵语学习。不过，梵语的学习对于玄奘这样的学霸而言，实在没有什么可担心的，玄奘似乎天生具有对梵语的语感，在短短的几年间，玄奘的梵语水平已经与梵僧没什么区别，这让教授梵语的老师都十分惊叹。如果玄奘不着急取经，他的水平甚至已经可以在长安开个梵语培训班了。

当然，取经最重要的还是有一个健康的身体，如果手无缚鸡之力，别说挑战数万里的丝绸之路荒野生存，只要进了陇山，就可能成为老虎嘴中的一道快餐。在一千四百年前的初唐，山野中的自然环境非常好，饿极了的老虎吃人的事件时有发生，独行的僧人虽然不必有武松用拳头就能打死老虎的手段，但至少要有李逵杀虎的胆量。

　　因为《西游记》的影响，我们心目中的那个唐僧是一个只会念经的胆小鬼，但历史上的玄奘却绝非如此。首先来看先天基因，父亲陈慧在史料中记载是个"形长八尺"的大汉，这虽然有些夸张的成分，但至少说明他比常人要高出许多，有这样的优秀基因，玄奘的身高自然不差。再看后天培养，虽然古代的营养条件不是很好，但玄奘童年时属于"高干子弟"，少年时属于皇家招聘的储备僧人，离开洛阳后，又有二哥细心照料，营养没怎么缺失过，保证了他的正常发育。最重要的是，在来到长安之前，玄奘已经有过三段徒步经验，经历了潼关、秦岭、蜀道等险道和高山，跨过了长江、渭河、黄河等天堑。这些路绕过了大半个唐朝国土，都是玄奘穿着极为简陋的草鞋走下来的，总里程数接近5000公里，放到今天，玄奘绝对是国内最优秀的野外生存专家和徒步挑战赛大师。各种复杂的地形很好地锻炼了玄奘的体魄，所以，真实历史中的玄奘应该是一个身形高大，并且可能有八块腹肌的人，具体形象可对比历史上的孔子。

　　执行力一直都是事业成功的关键，机会都是留给有准备的人，就在玄奘偷偷为西行取经做准备的时候，逃出长安城的机会终于让他等到了。

　　李世民刚刚登基的贞观前三年自然灾害频发，在他看来，这简直是上天对他在玄武门之变杀害哥哥的惩罚，十分郁闷。《资治通鉴》记载的是："元年，关中饥…… 二年，天下蝗；三年，大水。上勤而抚之，民虽东西就食，未尝嗟怨。"为了减轻长安城内居住的皇家和百官的粮食压力，朝廷下诏：允许百姓外出到有粮食的地方找饭吃。玄奘意识到这是一个难得的机会，于是趁着贞观元年（627）发生的饥荒逃出长安，成为东西就食的万民之一①。

　　在以往的研究中，我们只把注意力放在玄奘取经的路上，而忽视了探究玄奘为什么能走出长安城的原因。

　　贞观初年的自然灾害是玄奘出逃的气象背景，经过历史地理学者的研究，这种自然灾害发生的原因应该是著名的厄尔尼诺现象。赤道中东太平洋海温持续偏高，并造成大气环流异常，这将导致中国大陆上形成南涝北旱的降雨特点，1998年和2016年长江流域特大暴雨洪涝就是厄尔尼诺现象影响的结果。在贞观初年，厄尔尼诺现象不仅磨砺着刚刚通过政变上台的李世民，也同样降临在北方的草原上，那里正是对手突厥的领地。东突厥和唐王朝都遭受了这次自然灾害的考验，但农耕文明的稳定性发挥了巨大作用，隋朝亲戚攒下来的余粮让贞观天子度过了最艰难的时刻。然而，

---

　　① 因为有玄奘于六十三岁圆寂的说法，也有观点认为他是贞观三年从长安出发取经的，即公元629年。

东突厥就没有这样的好运气，游牧文明没有储蓄的脆弱性在自然灾害面前暴露无遗，致使东突厥元气大伤，仅仅三年之后（630），李世民派李靖灭掉了笼罩在隋唐王朝头顶的东突厥汗国。当曾经欺辱李渊的颉利可汗，成为太极殿里供太上皇娱乐的"长安舞王"时，李世民终于完成了天下一统的目标。

隋唐交替之际是中国历史浓度最高的时期之一，而玄奘刚好是那个时代最爱移动的人，因此很多大历史的事件都对玄奘的人生产生了重大的影响。反之，今天的我们也可以通过玄奘来梳理公元七世纪的大历史，从而看清历史演化的规律和逻辑，看清大历史对个体命运的影响，从而获得洞察自己所处时代的智慧。

就在大唐和突厥发生实力逆转的这个重要时期，幸运的玄奘认识了一个将要前往秦州（今甘肃省天水市）的僧人。僧人法号叫孝达，孝达在长安学习，此时正打算返回家乡。玄奘知道秦州与长安仅一山之隔，是西出长安取经的第一站，所以他就和孝达约好，一起前往秦州。

于是，二十八岁的玄奘与孝达结伴，他们裹着头巾混在灾民当中，偷偷出了长安城。这是玄奘人生中的第二次逃出长安城，长安与玄奘似乎有着分割不断的联系，以后在异域的那些年里，玄奘又无一日不想这座城。

为什么要用"偷"来定义这一次出城呢？原因是唐太宗对僧人

制定了严格的管理制度，不允许僧人随意流动，玄奘这次出行的目的是前往天竺，但他的手中并没有出关的过所。因此，走出长安城的那一刻，玄奘的身份已经是个逃犯。此后，他还有两次偷偷出行的经历，而且一次比一次更加惊心动魄。

所以，历史上的玄奘并不是唐太宗送他出长安城的，他并非唐太宗的御弟，取经也不是唐太宗指派的，因为唐太宗在这时压根儿不认识他，他是一个不听话的孤勇者。然而，命运就是如此有趣，玄奘绝不会想到，在二十年后，那个制造玄武门之变的君主，那个对僧人嗤之以鼻的帝王会成为自己最好的朋友，而在生命终结之际，就是自己陪着他度过了最后一段时光。

取经路上

第五章 从高僧到逃犯

打卡麦积山石窟

因为有孝达的陪伴，玄奘的秦州之行十分顺利，两人沿着陈仓古道，翻过巍峨的陇山，仅用了十来天就到了秦州。

秦州是西出长安的第一大州，是隋唐关陇贵族的崛起之地，李氏天子追认的陇西李氏就来自秦州。受中原的影响，这里佛教非常兴盛，著名的佛教圣地麦积山石窟就在这里。仁寿元年（601），隋文帝曾亲自下诏在麦积山建舍利塔，到了初唐时期，麦积山上已经有上百个洞窟，密密麻麻，宛如蜂房。

史料记载，玄奘深知此去天竺的路途遥远，所以来到秦州之后只做了短暂的停留。但是，从秦州到凉州的路他并不熟悉，按照他以往的习惯，很可能会在秦州城里找到一队商人，以保证路途上的引导和保护，这项工作需要东道主孝达为他介绍。值得一提的是，取经路上的玄奘是佛教圣地的"打卡狂魔"，而孝达则是热情好客的西北人，作为秦州僧人，他必然会邀请玄奘去参访秦州第一佛教圣地麦积山石窟，以彰显待客之道。所以，历史上的玄奘很有可能去过中国四大石窟之一的麦积山，见证了这座石窟最辉煌的时刻[①]。

孝达到了天水之后不再继续前行，笔者第一次读到这个故事的时候一度嫌弃过这位老乡的短视。因为他和玄奘共同开启了"西游记"，如果他能坚持下来，将会成为像玄奘一样的成功者，被历史永远铭记，甚至成为《西游记》里的重要角色。然而，当笔者提着行李走过很多地方之后，终于理解了他的选择。

当面对时局动荡时，很多人的第一选择往往是回家守护家人不受伤害。在时代变迁的关键时刻，像玄奘一样勇攀高峰的猛士值得我们尊重；反之，为了家人而不以身犯险也同样值得尊重。我们绝大多数人都是小人物，那些历史中出现的如同孝达一样的人，他们直面自己的生活时做出来的选择，常常对我们更有启发。所以，笔者今天讲述玄奘的故事，除了希望展现披荆斩棘的勇气，还期待我们能从那些小人物的身上学习直面人生的选择。

---

① 麦积山石窟的营建历史主要集中在北朝至初唐时期，到了中唐时期，已经十分萧条了，杜甫路过天水时在《山寺》一诗中写到"野寺残僧少，山园细路高"。因此，玄奘抵达天水时是麦积山石窟的巅峰时期。

每一个人都有自己的取经之路，每一个人都是自己世界里的主角。

凉州对佛教历史的贡献

玄奘完成麦积山石窟的打卡任务之后，就跟随着商人前往兰州。在兰州休整时，恰巧遇上了凉州牧监（唐代养马机构）刚给朝廷送完军马，正要返回凉州（今甘肃武威），所以玄奘决定与这批牧马人结伴而行。牧监等同于孙悟空弼马温的职位，玄奘之所以能和这些牧马人相遇，还要感谢汉武帝的远见卓识。当年，汉武帝派遣霍去病在河西之战中拿下了河西走廊，这里原本是月氏人和匈奴人最好的牧场，自从汉武帝在这里设置河西四郡之后，这里就成为汉朝最重要的养马基地。在古代，骑兵是最强的作战力量，而优良的军马则是国家最重要的军事装备，自从有了河西走廊，中原王朝就不再惧怕北方游牧民族的入侵了。到了唐代，凉州的军马产量惊人，祁连大草滩最多时期养马七十余万匹，这为唐朝的军事提供了强大的动力。正因如此，在丝绸之路上，常常见到牧马人往长安赶马的情景。凉州的牧马人是整个天下最好的驯马师之一，与他们同行，玄奘学习到了很多马的知识。比如如何驯马、什么草不能吃、马生病了怎么治等，这些都是行走丝绸之路十分重要的知识。正是这些牧马人教给他的经验，让他在漫长的丝绸之路上没有出现交通问题。

古代王朝的历史叙事从来都不会关注这些小人物，但就是这些一个个甚至连名字都没有留下的普通人，他们在玄奘经过丝绸之路的时候鼎力相助，才帮助玄奘完成取经的壮举。所以，取经之路是玄奘和这些小人物共同完成的。

玄奘与牧马人策马而行，一两日就到了凉州。从长安到凉州的这两千多里路，幸运的玄奘一路上都有人相陪，畅通无阻，这让玄奘感觉到取经指日可待。

凉州一直以来作为河西走廊上最大的城市，是河西地区的政治中心。另外，凉州也是佛教传入中国最早的区域之一，所以佛教在这里十分兴盛。本地僧人知道是名僧玄奘来了，便请他讲经说法。玄奘从长安出发到凉州不过用了月余的时间，这样的速度比此前的法显取经快了近十倍，顺利的开端让他放松了警惕，玄奘觉得时间还很充裕，就答应了凉州僧侣的请求。

玄奘这次取经的目的就是从天竺带回真经，翻译出来后为大唐的僧人所用。作为一名矢志成为译经师的人，玄奘的偶像就是历史上的西域名僧鸠摩罗什。令玄奘心潮澎湃的是，鸠摩罗什的"舌"舍利塔就在凉州城。遥想当年，鸠摩罗什临终之时，向众僧宣布：如今，我共译出三百多卷佛经，虽然成果微小，但一句一字，都是我口传心授，无半句遗漏。为此，特向佛陀起誓，这些经本都是从我口中传出，如果平生翻译的佛经没有错误，就让我焚身之后，舌头在烈火中不坏，以证真经！传说鸠摩罗什火化后，众僧收集鸠摩罗什的舍利，当拨开焦黑的木炭时，只见一片完整的舌头藏在灰烬里，鲜嫩得像一朵刚从污泥中长出来的红莲。这枚金刚舌印证了鸠摩罗什译经的超高水平，成为天下唯一的"舌舍利"。后来，北凉国国君沮渠蒙逊从后秦国主姚兴那里要回了"舌舍利"，因此修建了这座塔。

公元627年，鸠摩罗什圆寂两百多年后，玄奘正驻足在偶像的舍利塔下。也许他曾向着偶像起誓，希望自己能够成为接替鸠摩罗什的译经人，重新让佛门兴盛起来。后来的事实证明，他做到了自己在凉州城立下的誓言。

凉州对中国的僧人们太重要了，不论是困在凉州十七年的鸠摩罗什，还是凉州僧人昙曜，抑或是后来凉州会盟的萨迦班智达和八思巴，凉州都是重塑他们的一座城市，他们走出凉州之后，又撬动中国历史的演进。

玄奘在凉州安心地住了下来，开讲摄大乘论及《涅槃》《般若》二经。开讲之日，盛况空前，各寺的僧人和凉州的信众纷纷前来。随着人越来越多，寺里已经无法容纳，就将讲经场移到寺外，直到讲经的最后几天，还有人姗姗而来。甚至还有甘州（今甘肃张掖市）来的，邀请他去甘州讲经。讲经散会之日，所得布施钱物多得无法计数，粮食、器物堆在仓房的门口，玄奘只接受了一半钱财当作路费，其余的都布施给凉州的各大寺院了。转眼一个月就过去了，在这期间，有不少西域各国的商人听了玄奘讲经，也知道了玄奘即将西行的消息，他们作为移动的宣传队，已经把这个消息传遍了西域。

玄奘也从西域商人那里了解到西域的情况，那里大大小小的国家都十分信仰佛教，作为兼通大小二乘的高僧，即使西域佛教信仰复杂，他也能应付过来。再不济，寺院里的教友们至少能给自己一口饭吃。玄奘有了底气，开始规划西去的路途，一切似乎都很平顺，可他并不知道的是，危险正在缓缓逼近。

凉州是西北的重要军镇，北部就是雄踞草原的突厥，对唐朝的边境威胁极大。为了保证长安后方的稳固，李世民派来他极为信任的将军李大亮做凉州都督，镇守整个河西走廊。一位凉州的官府小吏在这场声势浩大的佛教盛会中，听闻了玄奘的盛名，也知晓了玄奘矢志西行求法的壮举。但是，他并未因此而深受感动，而是用敏锐的眼光意识到一个仕途机会的来临。

他来到府衙，向李大亮汇报说："有个从长安来的和尚，准备去西域。如今突厥未平，此时玉门关都已经封闭了，唯他一人偏要西行，不知是什么目的？"

李大亮："也就是云游的僧人，反正没有过所，玉门关他也出不去。再说了，若有其他目的，哪还敢在凉州开坛讲经？"

小吏进一步说："大人，此人从长安出逃，一路目标明确，昼夜西行，偏偏就在凉州大张旗鼓宣讲自己去天竺国求法，这或许是混淆视听啊！近日又买了马匹和诸多物什，定是要逃去瓜州了。即便仅是求经，也不能违了朝廷的禁令而私自出关，将其遣返长安当为上策。"

李大亮："嗯。所言有理，就着你将玄奘叫来衙门，我亲自问话。"

"大人，我这就去！"小吏领了命，心中得意一笑，便匆匆离开府衙。

玄奘此时正跟凉州的慧威法师坐禅讲法，慧威法师是凉州的大德，他十分欣赏玄奘的才学，就邀请玄奘住在自己的禅房旁边，方便谈论义理。不久，凉州小吏前来传唤玄奘，慧威法师心中已有计较，不好当小吏的面言明，只能看着玄奘出了寺门。

送两人出了寺门之后，慧威法师急忙回到寺中，让慧琳和道整两位弟子立刻整理行装，喂好马匹，准备今夜启程。两人好奇要问，慧威不答，两人便谨遵师命，各自准备去了。玄奘并不知道寺院里正在急匆匆地准备着他的行李，此时他正站在李大亮的面前。

李大亮："法师，你的名字是什么？"

玄奘："贫僧法号玄奘。"

李大亮："听说你要远去天竺国求取佛经，可有此事？"

玄奘："正是。"

李大亮："你可知朝廷'禁约百姓不许出蕃'的敕令？"

玄奘："知道。"

李大亮："知道？那此行就截止了吧！劝法师早回长安，要是愿意留在凉州讲经，本人热烈欢迎，有空定要再向法师请教佛法，还望不吝赐教。"他不怒自威，还没等玄奘回话，就下了逐客令，玄奘只能失落地回到寺里。

回到寺里，得知慧威法师找他议事，就先去了禅房，慧琳和道整都在，见他们行李整肃，当即问了起来。

玄奘："法师这是要去哪里？"

慧威："你今日进了衙门是不是都督勒令让你回长安？"

"您怎么知道的？"玄奘惊异地问道。

慧威："那个前来传话的小吏我认识，是个心胸狭窄之人，今日他一来，我就知道是给都督报了信，都督大人必然会劝你打消西行念头的。"

玄奘："果真如此！如今怎么办呢？"

慧威："我已让慧琳、道整准备好了西去的行李，吃过晚饭之后，乘夜上路，片刻也不要停留！"

玄奘："感谢法师如此护我，可是我若走了，岂不是陷法师于牢狱之中吗？我万万不能走的！"

慧威："你怎么能如此狭隘呢？此行西去，万里长路，不知要经历多少凶险，怎能因为这样一点阻碍就放弃求经的宏愿，那佛法如何才能弘扬广大呢？再不要辜负了我辈的期望呀！况且，都督绝不是残暴之人，他绝对不会加刑于我的。莫要再耽搁了，快快上路，还望你早去早回，我在凉州等你！"①

玄奘取了行李，拜别了慧威法师，同慧琳和道整乘夜出了西城。凉州高僧慧威送玄奘出城在玄奘的生命中非常重要，如果不是他的保护，玄奘只能像他的偶像鸠摩罗什一样，一直困在凉州城。那样的话玄奘取经的感人故事也就早早胎死腹中了。慧威看着玄奘远去的背影，久久地注目，他没有想到的是，今夜是自己与玄奘的最后一面，他最终没有熬到玄奘回到凉州的那一刻，也不会知道这个自己帮助过的年轻人，将会在以后整个中国的历史上熠熠生辉。

---

① 《大慈恩寺三藏法师传》中对玄奘和李大亮的对话只有简短的记载，本段是笔者根据历史情境进行的文学性创作，以增强叙事的完整性。

逮 捕 玄 奘

说到这里，你可能会想到《西游记》中最初陪伴唐僧取经的那两个小沙弥，他们是李世民专门为了照顾唐僧的饮食起居而剃度的"男保姆"，更隐秘的身份则可能是李世民的"监控器"，从而保证唐僧做到"宁恋本乡一捻土，莫爱他乡万两金"的最高指示。但历史中的慧琳和道整是慧威大师的弟子，他们趁夜偷偷送玄奘离开凉州一路西行。他们沿着小道，经甘州、肃州，专门避开州城，夜晚就住宿在城外的草圈里，因为天气正值七月，倒是不怕夜寒，走了十数天，终于到了瓜州。

瓜州城是通向西域的必经之路，逃出凉州时带的干粮已经耗尽，马匹也要休整，所以再不能错过了。于是，玄奘一行就走进了瓜州城。当时，瓜州是西部边境上最重要的城市，是唐朝抵御突厥进攻的要地，所以对前来瓜州的人员盘查得十分仔细。经过对玄奘度牒的查看，瓜州人已经知道了高僧玄奘的到来。

玄奘在凉州的讲经获得了巨大的成功，瓜州刺史独孤达是虔诚的佛教徒，他知道是玄奘到来之后，就热情地接待了玄奘。经过凉州的惊险遭遇之后，玄奘再也不敢把自己取经的目的轻易说出来了，独孤达询问来由时，玄奘只是说前来寻访圣迹的。正是玄奘的这份小心，让身在瓜州的他保持了暂时的安全。

身在瓜州的玄奘十分害怕逃出凉州的事情暴露，只要在瓜州多待一天，就增加一天的风险。然而，玉门关就在眼前①，这是大唐的国门，为了对抗突厥，唐军在这里厉兵秣马，严密防控突厥的入侵。与此同时，边境也不允许百姓出关，因为流民很有可能会被突厥军方捉住，在利诱和刑罚之下，透露出唐朝边境的地形和兵力等军事情报。因此，面对严密布防的边关，玄奘没有一点办法，只好暂时居住在城外的阿育王寺（今锁阳城塔尔寺），等待时局的变化。

玄奘暂居在寺院时，常常旁敲侧击地打听出瓜州的路途，通过多番打听，他终于摸清楚了路况。从瓜州北行五十里，有一条葫芦河，这条河的上游较为宽阔，河水较浅，下游河岸狭窄，并有暗池，水流湍急，深不可渡。葫芦河的河岸上就是玉门关，所有去西域的路都从那里经过，是西部边境的咽喉。玉门关外西北方向有五座烽燧，相互间隔百里左右，并有兵士把守，除此之外再没有其他水源。五烽之外便是八百里的莫贺延碛，穿越它就可以到达伊吾国的境内。

---

① 玉门关作为国门，在中国历史上处于不断变动的过程中。在唐代时，玉门关已经迁移到了瓜州境内，但具体是哪一座关城，学术界还没有定论。笔者在研究的过程中，认为六工古城的可能性较大。

玄奘得知之后忧心忡忡，然而祸不单行，从凉州骑来的马在这时患病死了。不知如何出关的玄奘，只好住在阿育王寺的大殿里祈请弥勒佛帮助自己渡过难关①。瓜州百姓听说玄奘的到来之后，就邀请玄奘在瓜州开设讲坛。这是瓜州佛教界难得一遇的学术资源，确实不可放过。玄奘在瓜州的寺院里白吃白住了好些天，也不好驳百姓们的面子，只好答应了讲经的邀请。

一个月转瞬即逝，玄奘边讲经边打听前去西域的捷径，但仍然没什么头绪。在取经路上玄奘的每次讲经似乎都会迎来新的危险，就在玄奘饱受瓜州百姓的赞叹的时候，一份关于他的访牒（逮捕令）正在发往瓜州的路上。

原来，李大亮那次见过玄奘之后，并没有把这个二十几岁的僧人放在心上。在李大亮看来，自己作为凉州都督，是统御万军的大将，自己已经当面呵斥了那个年轻僧人，在河西走廊的地界上，还没有人敢违抗他的命令。因此，李大亮见过玄奘之后，就再也没管过他。有一日，他突然想起了那个僧人，打算去寺院里听一听这个被人传得神乎其神的高僧讲经时，才知道这位素来不怎么听话的玄奘早已背着自己逃出了凉州城。

李大亮征战四方，还没有见过胆子这么大的僧人，所以十分

---

① 2019年至2023年间，由敦煌研究院牵头，开启了对塔尔寺遗址的考古发掘，现已发现了玄奘当年举行佛事的大殿和居住的宿舍等遗址。

震怒。震怒的同时，他也有一丝后怕，因为玄奘逃走的方向是西域，当时常有假扮成僧人的突厥细作活动在河西走廊，试图窥探凉州的军事情报。李大亮作为凉州最高军事长官，肩负着保卫国家西部边境的重要责任，一旦有失，百死难赎。于是，他当即颁布了访牒，发到河西走廊的各处州县，试图将玄奘拦截在关内。

很快，访牒发到了瓜州。访牒中说："有一名僧人叫玄奘，私自逃出长安，想要前往西域，不知是什么意图。如今西境边疆局势未定，此人恐是西域番邦的细作，刺探河西诸军的军情。各州县刺史及县令，应严格盘查往来人员，一旦发现玄奘的踪迹，即刻捉拿，押至凉州。"①

抓捕玄奘的通缉令已经发出，而身在瓜州的玄奘能否顺利逃生呢？

在《西游记》中，孙悟空出场之前，吴承恩先安排了两界山上的猎户刘伯钦登场，把唐僧从虫蛇虎豹中救了出来。在真实历史中，同样也是如此，只不过这位救了玄奘的壮士不是个猎户，而是一位州吏。

他是瓜州负责缉捕盗贼的州吏，名字叫作李昌，请大家一定

---

① 《大慈恩寺三藏法师传》："有僧字玄奘，欲入西蕃，所在州县宜严候捉。"

要记住这个小人物的名字，因为如果没有他，就没有后来的玄奘取经和《西游记》的故事了。

他是玄奘一场讲座中的听众，被玄奘的智慧和万里取经的志愿深深折服。每个人都有自己的"真经"要取，玄奘发起取经计划之后，宛如建造了一个庞大的意义系统，点亮了那个时代所有拥有梦想的人。所以，当李昌收到上级部门下发的通缉令时，他陷入了两难。究竟是保住自己的项上人头重要，还是保护点亮自己人生的玄奘重要呢？

请注意，此时的玄奘面对的是地狱级别的难度，李昌没有我们今人的视角，所以他不会知道玄奘未来会创造怎样的历史，他当时面对的只是一个年轻且有智慧的大和尚而已。最后的结果是，他选择了知法犯法，他私自来寺院中找到玄奘问话。玄奘心中起了疑心，但此时已经没有逃脱的时机，只能硬着头皮来见李昌。李昌取出访牒，厉声问道："法师可是此人？"

玄奘知道自己的行踪已经暴露，心中十分忐忑，只好不说话，合十的掌心冷汗迭出。李昌见玄奘如此紧张，就不再打算卖关子了，他着急地说出实言："我有逃脱此劫的方法，法师必须说实话，弟子才能为法师谋划出关啊！"

玄奘："我是玄奘。"

李昌："弟子也是佛教徒，一直仰慕法师如三危山一样的德行和智慧，您若真有不惧万险去西域求经的宏愿，我便撕了这访牒，助法师出城！"说罢，李昌即当面撕了文书。

玄奘大吃一惊，忙说："你怎可撕了这文书？官府若是追查下来，就是死罪啊！此番取经是为了度人，经还没有取来，便要害了你的性命，那我还取这佛经何用！"

李昌："法师妄言，您取真经是为了普度天下苍生，我撕了访牒是为了渡您出关，弟子此番助您便是助了天下苍生啊！望法师不要阻拦弟子的大功德才是啊！法师即刻收拾行囊，快快离去，他日法师归来，再来请法师传道。"

玄奘感激涕零，向李昌深深一拜。

李昌急忙扶住玄奘道："法师为佛门弟子，只拜佛祖，弟子乃卑贱之躯，怎可受法师一拜！"

在玄奘取经的故事中，李昌的出场只有几分钟，但却极为重要，直接决定了玄奘取经成败。作为一个瓜州人，我每每读到这个瞬间，总会眼眶湿润。因为我能猜到他的结局，他犯下了撕毁公文的重罪，他可能为此献出生命，甚至可能波及妻儿。作为他的同乡，我常常想，如果我在那个时刻遇见玄奘，能不能如他那么勇敢呢？

李昌离开寺院之后，玄奘开始谋划起此去西域的道路，但他立刻发愁了。陪他一同前来的两个僧人，道整先前依着慧威法师的嘱咐，到敦煌送信去了，慧琳虽然在玄奘身边，因其身体瘦弱，近日又中了暑气，不能长途远行，玄奘就遣他回了凉州养病。此时，玄奘的身边再没有人陪同守护了。有趣的是，在《西游记》第十三回"陷虎穴金星解厄，双叉岭伯钦留僧"中，凉州来的慧琳和道整变成了唐太宗为玄奘安排的两个小沙弥。在护送唐僧快到大唐边境的时候，他们被老虎精给吃了。两位小沙弥下线之后，就为大徒弟孙悟空的出现留出了位置。在真实的历史里，这两位凉州僧人下线之后，玄奘的大徒弟石槃陀就紧接着出场了。

玄 奘 收 徒

玄奘要到西域，光靠一双脚力是不行的，他首先需要一匹马。瓜州作为西境边贸的重要城市，有来自各地的良马，如西域的大宛马、花斑马，还有河西的凉州马，寻找到一匹良马自然不是难事。玄奘在市场上仔细挑选了许久，见一匹刚刚成年的白马驹，长得十分健硕，体态雄壮有力，当即买了下来。此马略有些认生，玄奘折腾了好一会儿才将它牵回了住处，这还要感谢凉州牧马人教给他的经验。马圈里添草之际，玄奘想到西域皆是陌生路，今日问遍了西市，许是众人知有访牒，西去的商旅都不愿带着一个和尚出境。没有人带路前去，这该如何是好啊！思量之际，见大殿里的弥勒塑像，浅笑低眉，似有深意，玄奘就跪在佛祖身前，长叩祈祷："弟子玄奘，想要去菩提伽耶悟得真法，去那烂陀习得真经，去恒河洗浴圣心。行至瓜州，向西皆是陌路，向东遍地访牒，求佛祖明察弟子施愿天下的志向，遣伽蓝行者，给弟子指引迷路。"

过了一日，玄奘洗漱完毕，刚要打坐，寺内一胡僧达摩兴冲冲跑来，急敲玄奘房门，玄奘将他让进来，达摩作揖说道："法师，昨夜我梦到您坐着一朵莲花，我在您身后大声呼喊，您迟迟未应，霎时佛光耀眼，身旁一护法天王与您结伴向西而去。我觉得此事十分蹊跷，所以特来报与法师知晓。"玄奘心中惊喜，此莫非中了昨日大殿里许下的心愿？看来大事可期，是可以起程的征兆。然而表面上故作镇定，说道："梦都是虚妄的，怎么可以当真呢？"

为了感恩佛祖托梦，玄奘再次来到大殿里叩谢佛祖。正拜谒间，有一胡人前来礼佛。那是一个夏日的午后，石槃陀一脚踏进了阿育王寺的山门，在瓜州沙尘暴刚刚停歇之后的尘埃里留下了足印。当时的他还无法预知这个足印的意义，未来西游宇宙光怪陆离的世界就从这里发端。

胡人见玄奘跪坐于蒲团之上，并不拜佛，而是绕着玄奘走了两三圈，当即跪下，要拜他。玄奘觉得蹊跷，便直起身来问道："施主，进了佛殿，你不礼佛，怎么拜起我来了？”

胡人停步再拜道："昨夜弟子得一梦，有一高僧为弟子解了近日诸多烦恼，特来寺里发愿。今日见了大师，细细端详，与我梦中所见影像极为相似，所以请大师收我为徒！”

玄奘见石槃陀颇有诚心，且是应了梦境的感应，便当即请菩萨加持、诸佛护念，为石槃陀授五戒。

玄奘："一旦受了五戒，你便是佛门弟子了，自此以后一定要持守佛门清规，不可再同常人一般贪念这世间的五欲。一切爱都会消散，一切恨都将了结，一切情本来无根，一切愁皆是自扰。念动即觉，觉之即无，久久收摄，自然心正。最后再问你一句，你确定要了却世间一切纠葛，步入释门吗？”

石槃陀："嗯。”

玄奘："好！那受了五戒，你便是我此生第一位弟子，日后即使蹚入雷池，也不能有一丝松懈！你可做得？”

石槃陀："做得，做得。”

玄奘："释尊，今日弟子有幸遇见石槃陀，乃诚心皈依三宝，请求弟子为其开示，望诸佛加持护念！”他转身先向佛祖请示，又回过身来抚着石槃陀开受五戒。

玄奘："一不杀生。”

石槃陀："一不杀生。”

玄奘：“二不偷盗。”

石槃陀：“二不偷盗。”

玄奘：“三不邪淫。”

石槃陀：“三不邪淫。”

玄奘：“四不妄语。”

石槃陀：“四不妄语。”

玄奘：“五不饮酒。”

石槃陀：“五不饮酒。”

玄奘：“好！五戒已受，如今你便是我此生第一个弟子了。”①

石槃陀感念玄奘开示，这几日紧跟在玄奘左右，供事殷勤。玄奘见他身体健硕，态度恭谦，是个可信之人，就将自己西行的打算说给了他。石槃陀听了玄奘西行求法的志愿，对玄奘恭敬更甚，他曾随商队多次通过丝绸之路去西域，对沿途的情况很熟悉。玄奘满心欢喜，看来西行之路可期，便给了石槃陀些许盘缠，让他去城中买一匹好马，随后兴冲冲地准备起行囊来。

第二天黄昏后，玄奘来到了预定的地点，等了一会儿，见石槃陀领了一位老胡人，并牵着一匹又老又瘦的枣红马一同前来。玄奘又惊又惧，忐忑万分，此前多次叮嘱石槃陀切不可将自己的行

---

① 史料中并没有玄奘和石槃陀之间对话的详细记载，本段是笔者根据历史情境进行的文学性创作，以增强叙事的完整性。

程告诉给他人，见此情景，莫不是石槃陀见财起意，叫了人来拿我，心中已是起了疑窦。刚欲转身离去，石槃陀一个劲儿地喊："师父！师父！"一扭头，他已奔至近前。听石槃陀说了，才知是他今日去买马时，在街市上遇见老胡人。老胡人问他如此行装是要去哪？他见那老胡人是极熟悉的人，便说了事情的原委。老胡人敬仰玄奘的志向，便跟了石槃陀一同来见玄奘。

石槃陀："师父，这位老人对西去的路途比我熟悉多了，曾经从瓜州到西域往返三十多次，所以我带他一同前来，让他给我们介绍一下路上的情况。"

老胡人："从此向西的路途是极其危险的，其间不仅有千里流沙的阻隔，还有鬼魅热风，一旦遇上就无法逃生。去西域的人往往是在瓜州凑集数十人才敢上路，而能安全返回的仅十之七八，如今大师两人西行，岂不白白丢了性命？"

玄奘："我发誓西行求法，不到婆罗门国（古印度），决不东退一步；就是死在中途，也决不后悔。"

老胡人："大师真要是远行西域，可乘我的这匹老马前去。"

玄奘看了看那匹瘦马，婉言拒绝道："我此去路途遥远，虽贱躯单薄，但长路漫漫，怕那匹瘦马驮不动我。"

老胡人："法师可别小瞧了这匹马，它是一匹识途老马，随着我往返西域很多次，沿途风物，熟络于心，定能帮助大师取经。

大师所牵白马虽肥硕，但是一匹小马驹，不认识路，不堪长途跋涉。"

玄奘听了老胡人的话，心中猛地想起一事，在长安将要出发时，街市上见一测卦的术士，见玄奘打西市走过来，硬是拦住他要测上一测，玄奘争执不过，便坐下来听那术士如何胡说。

术士："法师可是打算西行？"

玄奘可吓坏了，自己还没有想到出城的办法呢，就被这个术士算到了取经计划。玄奘是煮熟的鸭子就剩嘴硬了，连忙否定道："我是净土寺的和尚，今日还有功课要做，西去做甚？"

术士："法师心中之事，不白就罢了，只是西行不是坦途，虽危难重重，但有一匹赤色老马可保你西行无忧，那马鞍桥面上有块铁，切记，切记！"

玄奘那时觉得灵异，未放在心上，今日想来正是应了那位术士的预言。玄奘看那老胡人的马鞍桥前有铁，便与他换了马，拜谢了老胡人，就和石槃陀上路了。

偷渡玉门关

话说玄奘和石槃陀离开了瓜州城，一路向北行进，一直走到夜里的三更天。此时，他们到了葫芦河边，远远望去，河对岸就是著名的玉门关。

玉门关作为国门有重兵把守，玄奘有些心惊，给马嘴里塞上一束草，悄声向上游走去。走了约十里，离玉门关远了些，而且这里的河水相对狭窄，河岸旁有几棵胡杨树。石槃陀砍了一棵树搭在河的两岸，上面布草填沙，两人一起赶着马蹚过了葫芦河。

从这里开始，玄奘算是坐实了偷渡客的罪名，他再也不能回头了，这是玄奘一生中极为重要的节点。典籍中对这一段描写得很详细："两岸可阔丈余，傍有胡椒树丛。胡乃斩木为桥，布草填沙，驱马而过。"而在瓜州榆林窟的西夏石窟壁画上，所有的玄奘取经图中几乎都有河水和胡椒树丛（胡杨），可见这些绘画都是在典籍的基础上演绎的，是史实向《西游记》演化的中间环节。

走了半里，遇见一丛长满野树的林子，玄奘见这里隐蔽且挡风，叫石槃陀卸了行李，拴了马，简单地吃了些干粮就睡下了。

半夜时分，石槃陀缓缓从腰间拔出一把短刀，慢慢向玄奘走来。走到离玄奘只有几步的地方，便又退了回去；再蹑脚缓缓走来，又退了回去，如此往返数次。玄奘隐隐听见背后婆娑有声，不敢回头查看，怕石槃陀见了尴尬而激起杀心，就佯装梦呓，念起观音菩萨来。这个场景后来就变成了《西游记》第十四回"心猿归正，六贼无踪"中孙悟空想要打唐僧，而观音菩萨就教给唐僧紧箍咒。

石槃陀见状，不好再靠近，就回到火堆旁卧下，辗转反侧。清晨有些露气，玄奘打了个冷战，从梦中惊醒，发现身体无恙，想起自己睡得如此深沉，便觉得心悸不已。翻身见石槃陀还卧着，鼾声如雷，随便梳洗了一下，就叫他起来割些长草，灌满水囊准备起程。

石槃陀缓缓坐起来，眼神呆滞，似有慵懒之意，玄奘便问道："看你面色微黄，是身体有不适吗？"

石槃陀："师父，弟子身体无恙，只是心中有难言之事。"

玄奘："有什么忧虑可以说出来。"

石槃陀："师父，前面的路十分艰险，净是沙漠戈壁。最重要的是没有水源和草料，只有在五烽下才有，我们只能在深夜里悄悄偷水。一旦被守将察觉，便是死罪。与其整日提心吊胆，不如我们早早回瓜州，也不至于步入死路。"

玄奘："我早已在释尊面前发过誓愿，我与你同是佛门弟子，怎能因为畏死就不去求取真经，你难道忘了五戒中的'不妄语'之戒了吗？"

石槃陀："弟子须臾不敢遗忘，可是弟子家小皆在瓜州，再往前走，一旦被五烽守将捉住，一定会累及我的老母和妻儿的！"

玄奘："那你就回去吧！"他也不是铁石心肠，看着石槃陀缓缓转身之后的背影，不禁噙着眼泪。可没过一会儿，石槃陀又走回他跟前。

石槃陀："师父，要是你被戍卒所捉，严刑逼问下，供出我的名字，我岂不是仍然难逃官司。"

玄奘："为师即使粉身碎骨，也不会供出一字！"

石槃陀："师父，您还是随我一同回瓜州吧！关外五烽皆有戍卒把守，不可能越过的，一旦截住，即是死罪。就算侥幸绕过漫漫八百里戈壁，没有一滴水源，连最勇敢的雄鹰都不敢飞过，师父执意要去，岂不是白白丢了性命！"

玄奘："宁可西行一步死，也不东归一步生！"

石槃陀："好吧！师父执意要去，我便不拦你了。徒儿在这里再拜一次师父吧！"他跪在玄奘的身前，就像最初他们相遇的那天一样，双手朝上，向其拜了一拜。玄奘看着眼前的这幅场景，仅仅两天，就要分道扬镳，心中不免酸楚。

玄奘："为师这就要走了，从今以后，我们二人便两不相欠。你也不再是我徒弟，你若是想还俗，也不必找我，回家便是。"说完，他就急急转身牵马走了。

石槃陀十分不舍，垂着泪看着师父远去的背影。他知道，自己这辈子恐怕再也见不上师父了，就跪在地上，再次拜了三拜。

第六章　成为御弟哥哥

第一烽的守烽人

八月的艳阳能把北戈壁的碎石晒成滚烫的炭火，因此，我们把瓜州的这种地形叫"黑戈壁"。夏日最高地面温度达50度以上，确实到了能烤熟鸡蛋的地步。笔者当年在瓜州普查文物时，就常常和同事带一些鸡蛋，毒辣的阳光会把戈壁上的碎石烤成滚烫的石板，这时打上三两个鸡蛋煎熟，就能对付一顿午饭。然而，一千四百年前的玄奘穿越瓜州戈壁时的装备比笔者差得多，穿着草鞋的他，脚很容易被烫伤，走一步就像承受一次纣王的炮烙之刑。无边无际的黄土和没有一朵云的蓝天，在枯死的骆驼刺边对比分明，眼前的这片荒凉会让人十分绝望。他孤身一人，跟在那匹又老又瘦的枣红马后面，像是马的宠物，被它牵引着，也不知道将会走向哪里。茫茫无边的沙漠和戈壁里，没有官府修建的官道，只能循着骆驼粪便一步步摸索着前行。这是石槃陀告诉他的，在沙漠里，只有骆驼知道水的方向。

远处戈壁上不时闪现出稀奇古怪的幻影，这是瓜州戈壁常见的海市蜃楼。如今瓜州戈壁上著名的雕塑"无界"正是据此缘由而创造的。这些幻影有时像成队的军兵在沙丘间忽隐忽现，杀声震天；有时又像驮着货物的商队忽聚忽散，飘忽不定。远远望去十分清晰，渐渐近了，又变得模糊起来。生活在瓜州的人对这个场景十分熟悉。焦渴过度的玄奘，以为是妖魔作怪，不过他已经将生死置之度外，一直向前走，等着那些索命的鬼怪撕碎他，可走到近前，它们又化作一缕云烟消散了。

这一天，他走了有数十里，来到了第一烽新井烽。看到烽顶旌旗猎猎，戍卒来回巡视，非常森严，此时绝对是无法偷渡的。因为怕被守烽的士兵发现，他藏在一条沙沟里，等到天黑才悄悄溜到烽西的水泉边。刚从马上取下皮袋准备装水，忽然一支箭嗖的一声射来，差一点就射中他的膝盖。紧接着又是一箭射来，他知道已被发现，就赶紧站起身来，大声喊道："我是从京城来的和尚，不要射我！"

兵士们燃起火把，警惕地望着泉水边的那个人，脸色黝黑，不知是晒黑还是没洗脸的缘故，衣服破了好几处，撕裂的布条耷拉在袖口、腰部、腿脚各处，活像一个要饭的，身旁还有一匹瘦成鬼样子的马，眼睛滴溜滴溜地转着，吓了他们一跳。玄奘知道已没有办法脱身，只得拉着马走近烽火台。守烽的士兵开门出来，一看果然是个和尚，就带他去见守烽的长官王祥。

　　细心的读者可能已经发现了，西域不是在西边吗？玄奘怎么向北戈壁走了？他是不是迷路了？当然不是，玄奘是一个极其谨慎的人，他早已经问清楚了西去的路途。我们都知道，敦煌是丝绸之路的枢纽，丝绸之路在敦煌分为南道和北道，然而到了唐代，由于人们过度开发敦煌地区，导致沙漠化严重，敦煌西边的丝绸之路已经不适合出行了。所以，玉门关迁到了瓜州，丝绸之路也在瓜州的北部开辟了五船道作为主干线，玄奘成为这一历史的见证者和记录者，以至于今天的中国学者想要获知玉门关的真相，玄奘取经是绕不开的话题。历史上的瓜州在唐代及以后，绝大多数情况下是丝绸之路的枢纽，管辖着今天的敦煌，是敦煌文明的核心地带。

　　玄奘被官兵抓住，押着去见守烽校尉。校尉王祥让手下的人点亮火把看了玄奘一眼，同那些士兵一样，他也吓了一跳。待回过神来，见这位和尚干燥的眼睛里有着坚毅的眼神，便仔细看了看他，就问玄奘的来意："看你这样子，应不是我们河西的僧人，真是京城来的？"

　　玄奘："从长安来的。"玄奘知道访牒一定已被转达到各处，这座烽燧也不例外。经历了诸多离散和生死，他觉得逃避也是枉然，于是也不隐瞒，反问道："校尉难道没有从凉州来的人那里听说有个叫玄奘的和尚要到婆罗门国去求法？"

王祥："我听说这个玄奘法师已经往东返回了，怎么会到这里来？"

玄奘并未及时答话，而是将袈裟挽起来，走到马槽边，洗净沾满风尘的脸，从怀中取出自己的度牒，双手托着递给了王祥。

王祥确定眼前这个和尚就是玄奘，心中一惊，顿时思绪万千，久久地盯着玄奘，初见的对视竟然持续了很长的时间。之后，他又在余生中耗费更长的时间去怀念这次转瞬即逝的对视。

王祥说道："西行之道路阻且长，法师孤身一人是绝对闯不过去的。如今我也不问你偷越边关的罪，法师原路折回，不消两日就可回到敦煌，定然无人知晓法师已经越关一次。弟子是敦煌人，敦煌有个张皎法师，与我有旧，他十分仰慕法师，法师可以留在敦煌暂居。"

玄奘回绝道："我在东都洛阳出家，自小钻研佛法，两京知法的高僧，吴蜀精通佛典的大德，我都向他们一一求教过了。不仅如此，我还和他们坐坛讲经论道，因此也称得上佛法精进了。如果只图安居，慕得虚名，长安难道还不及敦煌吗？此番前来，我只是恨中原的佛经残缺不全，经义颠倒，这才不顾自己的性命，不畏前路的艰险，誓往西天寻求真经。您不仅不支持和鼓励我，反而劝我退还，岂不是断绝了国人的精进之路吗？如果您一定要拘留我，任凭百刑加身，我绝不东移一步。"

王祥听了玄奘的话，深受感动，说道："弟子是多么幸运，能在这苦寒之地遇上大师！您一路劳顿，暂且先去休息，等到明日，我为您亲自指明前路。"

第二天一大早，王校尉陪玄奘吃早饭，又让士兵给玄奘备足了干粮和水，亲自牵马送出十多里地，并给玄奘指路说："您由此路向西直接前往第四烽，因为第二烽和第三烽的守将一定会将您捉拿去邀功，而第四烽的校尉王伯陇是弟子的本家兄弟，这是我的一份亲笔信，到了那里，您可以说明是弟子让您去的。"

玄奘道了谢，就辞别王校尉，独自前去了。

敦煌在唐代初年已经成为河西走廊的佛教中心，莫高窟在隋代短短的三十多年间开凿的洞窟有近百个，由此可见佛教的兴盛。作为渊源久远的佛教圣地，敦煌民众十分崇信佛教，王校尉就是个虔诚的佛教徒。从王校尉的表述来看，他的本家兄弟王伯陇也是佛教徒。由此可见佛教在敦煌的影响力。正是因为敦煌佛教的兴盛，王校尉推荐玄奘去敦煌不仅是为其安全考虑，更说明他对家乡佛教发展的强大自信。这种自信也表现在敦煌的壁画里，莫高窟第220窟唐代壁画中的那种绚丽与华贵，就完美证实了这一点。

八百里莫贺延碛

玄奘离开了第一烽，经过整日不停歇地赶路，顺利绕过了第二烽和第三烽，当天夜里，就到了第四烽。枣红马赶了一天路，此时已经口渴难熬，见了烽前的泉水，禁不住嘶鸣了一声，戍卒听见响声，搭了一箭，当即射来。玄奘立刻拉住惊马站在原地，不敢有任何动作。戍卒跑到近前，连人带马押进烽火台里。

校尉问玄奘来意，玄奘就将在第一烽的遭遇和王校尉的亲笔信交给了第四烽校尉。原来，第四烽的守将果真是王校尉的堂弟王伯陇，见了信件，知道是堂哥引荐过来的，便恭敬地请玄奘暂住一宿。

待天亮时，王校尉给玄奘更大的皮囊储水，并为玄奘指明道路，告诉玄奘不要从第五烽经过，因为第五烽守烽的校尉脾气暴躁，肯定会捉拿玄奘。距离此地一百多里，有个野马泉，可以在那里取水补给。

玄奘的身上似乎有着天然的吸引力，他的人格魅力不论在历史上还是神话中，都是令常人十分艳羡的。在《西游记》中，唐僧总能让每一个女妖精都犯花痴，也能让佛道两家的神仙放下宗教的分歧，合力帮助他取经成功。在真实的历史上，玄奘有着不输于唐僧的魅力，每一个与他接触的人几乎都会被他折服，即使是初次见面，也不惜用生命去守护他。其实，在这里，敦煌王家兄弟帮助玄奘是冒了巨大的风险，因为他们是凉州都督府下辖的守关将士，已经接到捉捕玄奘的访牒。然而当他们遇见玄奘之后，守烽的孤独被玄奘的智慧和精神抚慰，同时也被玄奘为弘扬佛教的伟大行动所折服，他们宁可担着被治罪的风险，也要帮助玄奘逃脱关卡，最后成就了取经行动。从这一事件的反面思考，我们同样也看到了皇帝李世民的智慧，他把佛教徒视为政治统治的不安定因素（玄奘就是这一隐患的代表），才制定了严格的僧团管理制度。

和王伯陇分别以后，玄奘就进入了莫贺延碛（qì），这片戈壁荒漠方圆八百里，因为沙随风动，称之为沙河（所以也有学者认为这才是沙师弟居住的流沙河）。这里是上无飞鸟，下无走兽，更没有供马进食的青草，玄奘能够看到的只有自己孤零零的身影。

在黄昏时分，天忽然刮起了沙尘暴，他窝在沙窝里一夜，直到第二天风停时，沙堆里乍然出现一些白骨，石磐陀曾告诉他这就是寻路的秘诀。原来，这些尸骨就是前往西域的取经人和商人们的尸骨，由于缺水或自然灾害的原因，倒在了前往信仰之地的路上。平日里，这些尸骨埋在沙堆里，等大风刮过之后就会显现出来，成为行人的路标。所以，千万不要轻视那些在追逐梦想的路上倒下去的人，他们的牺牲有着重大的意义，后来人的成功就建立在他们的枯骨之上。看着这些西行的前人，玄奘十分感激瓜州和敦煌众人，要不是他们的帮助，今日的自己或许也会成为这些枯骨中的一员。

面对这些即使身死沙海，仍旧用尸骨为众人指明前路的前人，玄奘不禁十分感伤。他就在枯骨前诵念一段经文，好为同道超度。尘埃落定的沙海里寂静如真空，玄奘的诵经声在广袤无垠的天地里响起来，一如灵鹫山的钟声，让枣红马似乎都生出慈悲心，大眼睛一闪一闪的，仿佛要落泪一般。

诵完经，玄奘继续上路，没多久，又见到几具枯骨。在没有任何物资补给的戈壁，人待得越久，就会越危险，玄奘没有时间再念一卷经文，只好双手合十礼敬一下，就继续前行了。

玄奘已经在烈日里连续走了好几天，口渴的时候，就拿着王伯陇好心给他换的大水袋喝一口水。这天，他喝水的时候一时手急，没有把水袋抓牢，水洒到地上一下子就干了。这可让玄奘傻了眼，没有水，八百里的戈壁怎么过？他想回到第四烽去取水，掉转马头走了有十多里，想起了自己立过的誓言"不到天竺决不东归一步"。于是，又回头坚定地向着西北方向走去。

由于缺水，枣红马越来越瘦，玄奘骑上它的时候就像骑上了一副骨头架子。连续好几天，人和马滴水未进，已经到了崩溃的边缘。玄奘预感到自己也将倒在沙漠里成为一堆枯骨，只是叹息自己此前的种种努力。到了最后关头，他双手合十，朝着苍天发问："弟子发心前往天竺取经，不为名利，只为在源头寻得活水，泽被天下众生。此番辛苦，菩萨难道不知道吗？"

　　这是玄奘人生中第一次对自己信仰的菩萨质疑，像他这种意志十分坚定的人，竟然能说出这样的话，表明在莫贺延碛中的他一定是到了最崩溃的时刻。《大慈恩寺三藏法师传》为了照顾玄奘的形象，让这段话说得比较含蓄："玄奘此行不求财利，无冀名誉，但为无上正法来耳。仰惟菩萨慈念群生，以救苦为务。此为苦矣，宁不知耶？"在真实的历史中，玄奘或许站在风蚀台地上怨愤大呼，从而纾解内心的悲愤。

　　质问完菩萨的玄奘再也支撑不住，晕厥在戈壁滩里，在倒下去的那一刻，他一定放下了所有生还的可能。还好，在生命最危险的时刻，他做了一个梦。在梦中，玄奘见到一个身高好几丈的天王，拿着三叉戟对他叱喝道："为什么不继续赶路，躺在那里做什么！"

　　玄奘一下子被这梦给惊醒了，翻起身来时，忽然有一阵凉风吹来，浑身就像浇了一盆凉水，他立刻觉得心清目明，有了精神。马也能站起来了，他牵着马挣扎着往前走了十几里。正是这匹又老又瘦的识途老马在这关键时刻体现了它的作用，它突然挣扎着要朝另一个方向走，玄奘只能任由马拖着走了一程。奇迹出现了，忽见眼前一大片绿油油的草地和一汪清泉。这让玄奘喜出望外，他和马扑到泉边，美美地喝了一气，总算是死里逃生。

枣红马在取经路上救过玄奘一命，因此是玄奘取经中的重要角色，几乎所有的取经图中都有这匹马的形象。在《西游记》第三十回"邪魔侵正法，意马忆心猿"中，唐僧变成老虎，三位师兄都不在身旁，白龙马就曾舍身救过唐僧，可见这两个故事之间有很深的渊源。

玄奘在泉边休息了一天，装满了水袋，拔了一捆青草，才精神抖擞地继续向西北前进。又走了两天，终于走出了莫贺延碛。

对于玄奘来说，他途经瓜州的这一段经历是取经之路上最艰难的时刻。如果不是瓜州刺史的礼遇、李昌撕毁文书舍命相救、石槃陀送玄奘渡过玉门关、老胡人的老马、抓住他又帮助他的校尉王祥、给他重要补给的王伯陇，玄奘绝对无法完成他后来的史无前例的壮举。在他晚年回忆起这段取经之路时犹感叹"此等危难，百千不能备叙"。

麴氏高昌王国

进入西域之后，玄奘首先抵达的是伊吾国（今新疆哈密），这里不再是大唐的国土，他再也不必担心访牒的事了。伊吾国是西域的小国，玄奘只好去寻找寺院挂单，整个伊吾只有一座寺庙，三个僧人。老住持听说从长安来的玄奘到了伊吾，连僧袍都来不及穿，光着脚跑出去迎接玄奘。

眼前这个僧人可真是个贫僧啊！脸色黝黑，不知是晒黑还是没洗脸的缘故，衣服破了好几处，撕裂的布条耷拉在袖口、腰部、腿脚各处，活像一个要饭的，身旁还有一匹瘦成鬼样子的马，眼睛滴溜滴溜地转着，吓了他一跳。

回过神来后，他当即与玄奘抱头痛哭着说："我终于见到了来自故乡的僧人了！"

原来，这位老僧是长安人，北朝时战乱不断，加之有周武帝灭佛，为了避难，他就来到了伊吾。如今到了古稀之年，见到玄奘，怎能不令人激动。伊吾老僧准备了简单的素食，这顿餐饭对于玄奘而言，远远胜过此后他享用过的那些金碟玉盘里的山珍海味。笔者曾亲自走过瓜州的玄奘之路，也实地考察过学者们认为玄奘在伊吾停留的这座寺庙，即今天的哈密市白杨沟佛寺遗址。那是八月的一天下午，笔者抵达佛寺遗址的时候，正是新疆最热的时候，烈日的光均匀地铺在古城墙上，让遗址宛如一件巨大的"馕坑"。笔者穿行其间时，宛如烤包子的肉馅，灼热难耐。当年的玄奘不就是在这样的季节来到伊吾的吗？当他穿着草鞋越过八百里沙碛，历经磨难抵达伊吾的佛寺时，有位老乡正站在门口迎接，当时的玄奘一定会泪流满面。

一千四百多年前，玄奘牵着枣红马进入了他在西域停留的第一个寺庙之中。老僧还没有和玄奘说多久的话，伊吾国的国王也听说了玄奘的到来，邀请玄奘到王宫中居住，宣讲佛法。

身在异域，王室的关系是要维护好的，为了保证西行的顺畅，玄奘面见了伊吾国王。佛教在西域十分盛行，丝绸之路南北两道上无一不是佛国。此时，高昌国的使者恰巧在伊吾国内，伊吾国王为了讨好这个西域大国的使臣，在玄奘讲法的时候，也邀请了那位使者。同样是佛教徒的高昌使者听了玄奘的讲经之后，被玄奘的智慧折服，他知道，玄奘就是国王苦苦寻找的高僧，于是立即启程把这个消息告诉了高昌国王。

高昌最早是西汉王朝的屯田部队驻扎地，东晋之后，这里一直由位于河西走廊的后凉、西凉、北凉等政权所管辖。北魏灭北凉后，北凉的残余势力在高昌故城建立了流亡政权。后来，柔然人杀了北凉王沮渠安周，此后就有了阚、张、马、麹氏在高昌相继称王的阶段。玄奘到来时，此时的高昌正处于麹氏王国时期。

玄奘与高昌国王麹文泰十分有缘，因为就在大业六年（610）那次盛大的元宵节灯会上，还是小沙弥的玄奘就远远地望见过麹文泰和他的父亲麹伯雅，那时的高昌王国正迎来国家发展的关键期。

此时的东亚地区，松赞干布父子已经带领着吐蕃王朝在高原上崛起，但由于他们并没有和唐朝有过多接触，所以在当时的天下，人们公认的强国是大唐和突厥。在当时的局势下，西域的众多小国正夹在突厥和唐朝对抗的中间地带，成为大战一触即发的缓冲区。西域各国弱小的军事实力得罪不了任何一方，所以自汉代以来，就始终以"墙头草"式的外交战略应付两大强国。早期，突厥势力更强，控制着整个西域，麹伯雅的生母就是突厥达头可汗之女，他的父亲麹乾固死后，突厥为了控制麹伯雅，让他按照突厥的习俗娶母亲为妻。麹氏祖籍来自兰州，自幼受儒家文化熏陶的麹伯雅十分抗拒这样的婚俗，但迫于突厥的压力，只能忍辱服从。

麹伯雅在位期间，隋朝势力越来越强，这让他看到了希望。为了摆脱突厥的控制，麹伯雅与隋炀帝派遣到张掖管理西域事务的裴矩交好，之后就有了隋炀帝西巡时，麹伯雅组织西域27国国王会见隋炀帝的万国博览会。隋炀帝一生的愿望就是赶超汉武帝的功业和疆土，当他打败吐谷浑之后，下一个目标就是西域，因此对待主动示好的麹伯雅十分优厚。到长安时，隋炀帝赐封麹伯雅为左光禄大夫、车师太守，封弁国公，并封宇文玉波为华容公主做麹伯雅的妻子。

麹伯雅回到高昌后，推行了全民的汉化改革，进一步推进与隋朝的外交关系。然而，麹伯雅的改革遭到高昌国内保守势力的抵制和突厥的反对，使他在大业九年（613）被迫流亡，在大臣张雄的护卫下逃离高昌。麹伯雅本想向隋朝求援，只是老朋友裴矩已经被调往内地，隋朝境内也已经掀起了农民起义，因此自顾不暇。见此情形，麹伯雅只能自己组织力量，隐忍多年后，在张雄的帮助下，于武德年间平定政变，重新登上王位。幸运的是，在新疆博物馆还保存着张雄的干尸，这是中国目前唯一可以确认人物身份的唐代干尸。在新疆博物馆看到张雄干尸的时候，笔者被深深地震慑。更令人激动的是，玄奘在高昌的日子里，张雄作为高昌国智力的天花板，与玄奘结下了深厚的友情，他是目前唯一一个保存至今的与玄奘接触过的实体的人。如今，笔者每次看着他低垂的眼睑时，似乎总能从他的眼神里看到玄奘的虚影，这怎能不令人悲欣交集。

麹伯雅病逝后，儿子麹文泰成为新任的高昌国王。麹文泰是一位虔诚的佛教徒，他得知玄奘到伊吾后，当即派遣使者和卫队

· **玄奘取经图** 邢耀龙摄于中华艺术宫"何以敦煌"展 ·

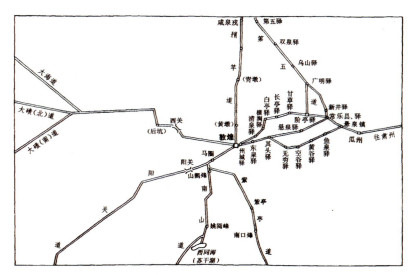

· 唐五代敦煌四出道路示意图 陈国灿绘 ·

· 莫高窟 王嘉奇摄 ·

· 莫贺延碛戈壁 邢耀龙摄 ·

· 哈密市白杨沟佛寺遗址 邢耀龙摄 ·

高昌故城 范玉娟摄

柏孜克里克千佛洞 程小鸥摄

· **胡商遇盗** 邢耀龙摄于中华艺术宫"何以敦煌"展 ·

· 克孜尔石窟 程小鸥摄 ·

· 突厥石人 邢耀龙摄 ·

· 西安博物院藏史君墓石椁 邢耀龙摄 ·

· 巴米扬石窟 邵学成摄 ·

· 犍陀罗造像上的儒童本生 金俊音摄 ·

· 犍陀罗造像 雍容摄 ·

来到伊吾，把玄奘接到了高昌（今新疆吐鲁番）。

卫队到达高昌王城时已经是半夜了，累了一天的玄奘原本打算早些休息，明日起床洗漱后面见国王。令他受宠若惊的是，使者告诉他国王和王妃熬着夜，正在王宫里等他。枣红马已经四肢疲软，玄奘不敢怠慢，马上换上一匹好马，向王宫奔去。

"弟子从清晨盼法师归来，高兴得都忘了吃饭和睡觉，算着日子，法师今晚必到，所以我和妻儿都没有睡。为了平复激动的心情，我们就一边读经一边等待您。"麹文泰终于见到了玄奘，兴奋地表述着自己的仰慕之情。

玄奘对麹文泰初见时的印象极好，然而，他万万没想到的是，进入王城的他如羊入虎口，麹文泰打算把他留下来。

原来，高昌是丝绸之路北道著名的佛国，为了建立佛教文化的高地，高昌一直急需一位如同两百年前的鸠摩罗什一样的圣僧。对于麹文泰而言，玄奘就是他最好的选择。但是，玄奘的志向并不在此，他的目标一直都是印度，所以拒绝了麹文泰的好意。

作为一国国王，在高昌国内，麹文泰还从未有过被人拒绝的经历，玄奘的态度让他黯然神伤。于是，麹文泰宛如一个坚定的追求者一样，对玄奘说："我真的很仰慕你。这一次，我一定要让你留下来，即使海枯石烂，葱岭转移，我的心也毫不动摇！"

"我当然知道国王您的心意了，但我这次西行的目的是前往印度取经，如今经文还没有取到，所以不能留在高昌，希望您能够体谅我。"

魏文泰作为一国之主，也是要面子的，玄奘三番五次地拒绝，让他十分恼怒，提起衣襟对着玄奘大吼道："我现在给法师两条路。第一条，留在高昌当国师；第二条，我把你遣送回长安。你看着选吧！"

说到这里，已经是赤裸裸地威胁了，因为魏文泰已经知道了玄奘逃犯的身份，所以打算用遣送回国的事恫吓玄奘。然而，玄奘为了取经早已将自己的生死置之度外，面对发怒的国王，他选择了抵抗，也站起身来说："我西行只为求法，如今国王硬要留下我，您可以留下我的尸骨，却留不住我的心。"

此次对话不欢而散，但玄奘已经在高昌耽搁很久了，看着魏文泰加了几名护卫，玄奘没了办法，只好以绝食相抗。

魏文泰原本以为玄奘是耍耍脾气，但接连三天过去，玄奘滴水不进。魏文泰这才知道玄奘动了真格，他不能忍心玄奘活活饿死，举着食物跪在玄奘的面前请求玄奘进食。然而，玄奘进食的条件是放他西去，这让魏文泰难以接受。直到第四天，玄奘已经奄奄一息了，魏文泰终于绷不住了，最终答应了玄奘。

其实，这是玄奘的一次豪赌，赌的是魏文泰对他的珍视。玄奘之所以能够在这场以生命为代价的豪赌中胜利，除了魏文泰对玄奘的崇敬和挚爱之外，还有玄奘在瓜州的徒步经验的帮助，正是那段艰苦的行程锻炼了玄奘的精神和体格，让他用扎实的"辟谷"功力熬过了这场比试"谁心软"的较量。其实，玄奘的心比任何人都柔软，但为了取经成功，他不得不变得决绝起来。这下，轮到国王麹文泰心软了。

麹文泰虽然答应了放玄奘西行，但为了能多留玄奘一些时日，就以为玄奘准备行装为借口，邀请他为高昌众僧讲经。麹文泰为讲经的玄奘提供了最高的礼遇，每当邀请玄奘讲法时，他就跪在地上，让玄奘踩着他的背登上讲坛。耐不住麹文泰的一再挽留，玄奘在高昌停留了一个多月。史书并没有记载玄奘是否到访伯孜克里克石窟，在唐朝时，伯孜克里克是高昌的王族石窟，是最重要的佛教艺术圣地，按照玄奘打卡的习惯，他必然仔细端详过这些精美的佛教艺术。

据史料记载，麹文泰几乎动用了举国之力帮助玄奘西行，准备的东西有足够支持二十年的路费、衣服三十套、抵御寒冷和风沙的手套及面罩、黄金一百两、银钱三万、绫绢五百匹、马三十匹、随从二十五个、剃度的徒弟四个和高昌官员一名。此外，麹文泰还分别写信给西突厥可汗和沿途的二十四位国王，托他们关照玄奘。

一切准备就绪后，玄奘要离开高昌了，临行之日，举国民众都来送行。这些日子以来，玄奘与麴文泰的感情迅速升温，两人在城门口抱头痛哭，挥泪而别。

值得一提的是，在《西游记》开头的故事中，唐僧是由李世民派遣前往西天取经的，并赐给唐僧通关文书、白马、紫金钵盂等物品。临别之时，两人结拜为兄弟，自此，唐僧才有了"御弟哥哥"的称谓。然而，历史上与玄奘结拜的其实是高昌国王麴文泰。更有趣的是，小说和历史中的这两位玄奘的哥哥也是熟人，正是因为李世民，麴文泰和高昌王国的命运都被改变了。

起初，受父亲麴伯雅的影响，麴文泰也是采取亲近唐朝的外交政策。麴文泰即位后，还派遣过使者来到长安城觐见李渊，献上了一种能口衔烛灯为人引路的拂林狗。拂林是中国史籍对东罗马帝国的称谓，由此可见高昌作为陆上丝绸之路的重镇，与西方世界的交流。

后来，李世民继位，麴文泰又献上狐裘、玉盘等贡物表示庆贺。贞观四年（630），玄奘抵达北印度的时候，麴文泰亲自到长安朝见李世民，玄奘的两位哥哥在现实中终于见面了。李世民对麴文泰亲附大唐的态度非常赞赏，赏赐极为丰厚的财物。麴文泰为母亲宇文太后求入宗籍，李世民欣然答应，并赐宇文太后国姓李氏，更改了隋朝时的封号，封为大唐常乐公主。同时，为了嘉奖麴文泰，根据音韵，赐其汉姓曲氏，并列入中原士族谱系中。玄奘的这两位哥哥在现实中的交往非常好，麹文泰如期获得了大唐的支持，回到西域之后，他成为唐朝在西域的"话事人"。

在麹文泰与唐朝的外交进入蜜月期的时候，突厥仍没有放弃对西域的控制。唐朝与高昌隔着重重山河，突厥的兵马则可以沿着天山脚下的绿洲奔驰而来，轻易地包围高昌，这种近在咫尺的军事压力让麹文泰左右为难。渐渐地，麹文泰开始倒向突厥，他先是与突厥联兵进犯伊吾，接着又攻取了焉耆国的三座城池。焉耆王亲自到长安哭诉，李世民震怒，下诏高昌命麹文泰入长安议事，麹文泰以身体有疾为理由不肯东来，只是派出长史曲雍前来谢罪。

李世民没想到麹文泰完全不给他面子，盛怒之下，令高昌使者给麹文泰带去一封威胁满满的信："你小子数年不来朝贡，一点没有藩臣之礼，又擅设百官之位，僭越大唐天朝的礼仪。如果你不想来长安，那我明年就派大军亲自去高昌迎接你，到时候看你还有什么说辞！"

使臣回到高昌将话带给麹文泰，也许是觉得自己有突厥撑腰，他竟狂妄地说道："我是翱翔于天际的雄鹰，咱们也不挨着，我想怎么样就怎么样，大唐可管不着我！"

使臣知道曾经作为天策上将的李世民有着怎样的战功，弱小的高昌在他的战绩册上简直不值一提，所以劝麹文泰入唐谢罪。然而，也许是麹文泰当年被隋炀帝邀请参观远征高句丽的经历，让他怀疑起中原王朝远征的实力，自信心爆棚的他说道："我与李世民同为天子，大家平起平坐，哪有天子朝见天子的道理？"

之后，麴文泰甚至在丝绸之路上设起关卡，阻断西域商人与大唐之间的商品贸易。李世民原本打算以和平手段解决外交问题，但见麴文泰铁了心与唐朝对抗，他不能放任麴文泰的挑衅，否则西域诸国会认为唐朝无力远征，纷纷倒向突厥。于是在贞观十四年（640），李世民命大将侯君集为主帅，带领数万精兵远征高昌。

此时的侯君集刚刚消灭吐谷浑国，甚至连松赞干布派出的吐蕃大军都不是他的一合之敌，高昌自然并不是他的对手。然而，麴文泰并没有意识到危险，反而自负地认为唐军绝对穿越不了八百里戈壁，所以没有什么可忧虑的。

可没过多久，唐军神兵天降，很快出现在高昌国的边塞，侯君集带领着经历隋末唐初大战的老兵势如破竹，高昌国的军队完全不能抵抗。麴文泰大惊失色，急忙派使者向突厥求救，但突厥不敢与唐军正面对抗，早已经逃得无影无踪。侯君集用兵神速，不日就包围了高昌王城，轰隆隆如山崩地裂一般的战鼓声在王城外敲响，麴文泰心胆俱裂，最后活活给吓死了。玄奘的国王哥哥自此下线。麴文泰的儿子麴智盛匆匆继承了王位。

麴智盛打算以国丧为理由，希望唐军能够遵循"礼不伐丧"的传统礼仪，暂时停止对王都的进攻。侯君集回复说："高昌王当年不遵循礼仪拜见天子，如今却想起礼仪来了。我此番远征，绝不空手而归，尽快开门迎降才是你应该做的。"

麴智盛见侯君集如此强硬，只好用拖延来应对。侯君集麾下大将薛万均冷笑道："跟你这个小孩子有什么好说的！"① 当即下令攻城。麴智盛自知不敌，最后只好投降。侯君集将麴智盛作为俘虏押送回长安，高昌国灭亡。李世民在高昌设置了西昌州，成为唐朝的领土，标志着唐朝与突厥在西域争雄的胜利。后来，李世民在高昌又设置了著名的安西都护府，这里暂时成为唐朝统治西域的中心。

回到贞观二年（628），在含泪离开高昌的那一天，影响玄奘人生的第二位哥哥麴文泰正在送玄奘出城，这让玄奘想起了自己的二哥。六年前，玄奘从益州偷偷跑出来，独自在各地学习和徒步，离开二哥的那一刻，标志着玄奘真正离开家庭，变成独立的个体。然而，一个人在外云游多年，一颗孤独的心总需要至亲之人的浇灌，当玄奘来到高昌的时候，麴文泰补足了这一缺憾。这个真实历史里的国王哥哥给予了玄奘方方面面的保护，麴文泰的母亲也给这个新认的义子无微不至的母爱关怀，让刚刚从瓜州死里逃生的玄奘得到了亲情的抚慰。出家人玄奘在这里找到了家，这也是

---

① 《新唐书·西域传上》："薛万均勃然起曰：'当先取城，小儿何与语！'"

后来玄奘拒绝戒日王的好心，最终选择了重回高昌的陆上丝绸之路的原因，因为这里有家人正等着他。

走出高昌之后，满血复活的玄奘带着这份浓浓的爱意继续他的取经之路。

当然，麴文泰的这份兄弟之情也是沉甸甸的。他是一个典型的中国式哥哥，怕玄奘在取经路上遇到困难，派遣了二十五名随从、四个剃度了的徒弟和一名高昌使官保护玄奘前往西域，这样的取经团队在整个中国历史上都是少有的。

第七章 最顺利的取经人

胡 商 遇 盗

离开高昌之后，玄奘的取经队伍很快进入了焉耆国（今新疆焉耆）的境内，经过阿父师泉和银山之后，就离王城不远了。黄昏时分，玄奘等人与一队胡商相遇，就在一处山崖下休息。商人们怕玄奘等人先入城，抢了他们在焉耆国的生意，所以半夜里摸着黑就出发了。到了第二天，玄奘的队伍走了十几里，就在路边看到了那一队胡商的尸首，他们无一例外，都被盗贼给杀了。玄奘目睹了这样的惨剧，在同情这些以丝绸之路为生的人的同时，再也不敢掉以轻心。

玄奘在焉耆国遇到的情形反映了古代陆上丝绸之路的真实情况，在当时，丝绸之路是中西方的经济大动脉，有做生意的，就必然有劫道的，这是"丝路经济"最显著的特点。焉耆国位于今天博罗科努山和天山的交界处，是丝绸之路北道十分重要的枢纽城市，在围绕着丝绸之路的众多生意中，劫道是其中十分独特的一个类型。

有趣的是，这一点在敦煌壁画中也能找到例证，莫高窟盛唐时期开凿的第45窟中就有一幅著名的胡商遇盗图，生动地描绘了丝绸之路上的一个瞬间。在深山峡谷中，一队由六个人组成的商队正在赶路，他们头戴着高高的毡帽，身穿着圆领长袍，从高鼻深目和满腮胡须的特征来看，这些商人是来自西域的胡人。在商队的前方，是三个身穿汉装，戴着软脚幞头，手持长刀的盗贼拦路抢劫。六位商人的后面是驮着丝绸珠宝的骡马，身前是已经卸下来的驮架，他们把几捆丝绸和一包袱财物放在强盗面前，双手合十，低头弯腰，乞求强盗们能够饶命放行。画面上部的正中，有一处榜题，是这幅壁画的经文注解，榜书全文是："若三千大千国土，满中怨贼，有一商主，将诸商人，赍持重宝，经过险路，其中一人作是唱言：诸善男子，勿得恐怖，汝等应当一心称观世音菩萨名号，是菩萨能以无畏施于众生，汝等若称名者，于此怨贼当得解脱。众商人闻，俱发声言：南无观世音菩萨，称（其名故）即得解脱。"

这个故事来自《法华经·观音普门品》，讲的是：假如你是一个本本分分的商人，行走在丝绸之路上做生意的时候，遇上了拦路抢劫的盗贼和土匪，该怎么办呢？如果你的身边此刻没有保镖，自己也不是武术大师，无法胜过盗贼的话，你可以立马双手合十，心无杂念，专心致志地念诵观音菩萨的名号。当然，这时候的观音菩萨不是帮你打跑这些盗贼，盗贼听到观音菩萨的名号时，心中顿时就会生出善念。只要盗贼生出善念，他的刀就会自然断裂成无数截，商人路遇盗贼的危机就解除了。

胡商遇盗图的故事情节发生在商路上，画师为了增强场景的真实性，就把人物全部画在了一处幽深的峡谷中。这里的山脉和峡谷巧妙地将整个故事包围了起来，显然是沿用了北朝时期敦煌画师分割画面的技巧，像舞台剧的幕布一样，故事天然地拥有了一个独立的空间，从而不被《观音经变》中其他的众多故事影响。

敦煌处于西北内陆，作为丝绸之路主干道的河西走廊上，遍布的是沙漠、戈壁和凸山。画师在创作这幅图时，考虑到画面的美感，使用了当时非常流行的青绿山水作为故事发生的环境。壁画以绿色为主调，说明生态环境很好，绿色和蓝色的植被很茂盛，山峰青翠，山花烂漫，人物穿插在山石林木之间，使整幅画面富有诗情画意，好像一幅春游图一样，为故事奠定了一个愉快的基调。

故事按照从右到左的结构布局，右侧两道山崖交汇的峡谷中间，有两头毛驴驮着货物正埋头往前走。毛驴的前面是六个西域商人，这么看来，毛驴不止两头，画师用两头毛驴正在走出峡谷的情节，不仅表现出了峡谷的深邃，也示意后面的毛驴应该还有很多，暗示了商团的庞大。

　　如此庞大的商团，当然会引起盗贼的注意，果然，商队的前方出现了三个持刀拦路的盗贼。盗贼藏匿的山谷同样使用了毛驴出场的布景方式，从而表现出盗贼人数庞大，加重了商人们的恐惧感。为首的盗贼右手扛刀，左手作拦截的手势，似乎正在说出程咬金的那句名言："此山是我开，此树是我栽，要想从此过，留下买路财！"盗贼高大的身姿和冒着寒光的长刀与商人求饶的姿态形成鲜明的对比，前面优美的环境表现出的春游般愉快的基调，被抢劫的恐惧打破，使故事达到高潮。

　　专家们通过对商人穿着的服饰和相貌的分析，认为这些胡商应该画的是粟特商人。粟特人是中亚地区的一个古老民族，他们曾生活在阿姆河、锡尔河一带。丝绸之路开辟后，他们奔走于东西方大国之间，以擅长经商闻名于世，粟特语一时成为连通欧亚大陆的商业用语。5—8世纪，来自中亚的粟特人几乎垄断了中国的对外丝绸贸易，大量粟特人沿着丝绸之路来到中原，并长期生活在这里。在古代中国的于阗、楼兰、高昌、长安、洛阳等大小国度城市，也都有他们的聚居地。在这一时期的中原墓葬中，发现了很多粟特人的艺术形象。在唐代时期的敦煌，城外的从化乡里生活了大量的粟特人，因此敦煌画师十分熟悉粟特人的长相，胡商遇盗图出现粟特人形象也就不足为奇了。

　　值得注意的是，胡商遇盗图中的盗贼竟然是汉人的形象。一般来说，古人有很强的华夷区别的心理，认为中华是文明之国，所以许多不好的事情都是胡人干的。然而，敦煌画师却真实地画出了丝绸之路上胡商遭遇汉人抢劫的情况，表明唐朝是一个十分包容和开放的时代，像唐太宗视多民族为一家人一样，一个普通的敦煌画师也用众生平等的眼光看待每一个人。

　　另外，我们一般认为代表丝绸之路的动物是骆驼，但在胡商遇盗图的商队里，驮运货物的动物却是毛驴。后来，通过沙武田先生的研究，我们得知古代骆驼要比毛驴贵几倍，商队为了节省成本，只有在穿越沙漠的时候用骆驼，其他大多数情况用更便宜的毛驴。这么看来，毛驴才是丝绸之路上最常用的交通工具。

　　这幅胡商遇盗图真实生动地反映了丝绸之路上的社会现实，构图紧凑，表现细腻，且至今保存完好，是研究丝绸之路贸易的重要资料。

焉耆与龟兹

　　慈悲的玄奘为惨死的商人念经超度之后，就来到了焉耆王城。在焉耆，玄奘并没有得到礼遇，原来高昌自恃国力强盛，所以经常派兵侵扰焉耆，因此，焉耆人对这位高昌王的义弟并没有什么好感。玄奘知道佛教的发展离不开帝王的支持，但他一生都对政治保持着警惕，因为他知道"伴君如伴虎"的道理。为了不把取经队伍带入两国政治的旋涡中，玄奘在焉耆停留了一天就离开了。

玄奘来到焉耆的时候，焉耆国的命运也迎来了它的转折期。焉耆国作为西域小国，夹在突厥和唐朝之间，形成了反复横跳的外交策略。贞观十八年（644），焉耆王龙突骑支走上了麹文泰的老路，倒向突厥，不再向唐朝进贡。李世民任命郭孝恪为安西道（一作西州道）行军总管，讨伐焉耆。郭孝恪不愧为唐朝名将，他亲率三千步骑，从玄奘经过的银山道出奇兵，夜袭焉耆，仅用了一天就生擒了龙突骑支。自此之后，焉耆被纳进了唐朝的版图。

郭孝恪灭焉耆的事发生在玄奘返回西域的那一年。此时的玄奘还无法知晓焉耆的命运，他的下一个目的地是偶像鸠摩罗什的故乡龟兹。

龟兹国是西域古国，也是西域最早接受佛教的地区之一，曾经一度成为西域佛教的中心。因为龟兹国崇敬佛教的传统，凡是外来的高僧都会受到龟兹的欢迎。此时，玄奘已经是高昌王弟的身份，带着麹文泰的国书而来，受到了龟兹王的亲自迎接。玄奘在龟兹时，曾拜访龟兹国的第一名僧木叉毱多，木叉毱多本来看不上年轻的玄奘，但在后面的辩经中，却被玄奘问得哑口无言。之后，木叉毱多与玄奘在龟兹相遇的时候，他干脆羞愧地躲了起来，并对龟兹的僧人说："这个中原僧人真是难对付，如今他前往天竺，同龄人之中没有人是他的对手！"

玄奘与木叉毱多辩经之后，在西域名声大噪，他要前往天竺取经的消息已经被丝绸之路沿线的国家知晓了。玄奘本来打算在龟兹略作停留，在鸠摩罗什学习过的寺院和龟兹石窟打完卡，并在国书上盖完龟兹王的印章之后，就立刻启程。然而，此时正遇上大雪封路，玄奘不得不在龟兹停留了两个月的时间。

玄奘来到龟兹的时候，龟兹面临着与焉耆同样的国际局势。龟兹位于塔里木河流域最大的一块绿洲之上，自古以来就是丝绸之路北道最强大的国家。因为与中亚仅仅是一山之隔，所以正处于突厥的控制之下。虽然中原王朝强大的时候会统治整个西域，但在绝大多数的时间里，游牧政权就在天山北部的草原上虎视眈眈，这个强大的邻居会随时翻过山来侵扰自己，从长远的角度来看，亲近突厥是龟兹国最理性的选择。但是，李世民收复西域的计划已经启动，贞观二十二年（648），唐朝名将阿史那·社尔平定龟兹都城。到了显庆三年（658），安西都护府从高昌迁移到龟兹，龟兹成为唐朝管理西域的行政中心。

玄奘绝不会想到，将来自己的名著《大唐西域记》会为阿史那·社尔作战提供资料。当然，此时的他也无暇顾及，因为就在玄奘的眼前，成百上千的盗贼正亮出明晃晃的大刀，拦住了玄奘的去路。

原来，离开龟兹时，为了表达敬重之情，也为了加深与高昌国的同盟外交，龟兹国王送给玄奘很多财物和驼马，玄奘的取经队伍变成了一支庞大的运输队。然而，就是因为财物过多，在西行的路上，遇上了两千人左右的突厥盗贼。这些劫道的人也没有想到天上会掉下这么大的一张馅饼。由于这是几家山头的合伙作业，在打劫之前，合伙人们要谈好分成的比例。由于都是亡命之徒，谁也不想别的山头多分一杯羹，所以为了分赃的多寡吵了起来，被围在其中的玄奘只能干着急。江湖上的狠人们秉持着"能动手就绝不吵吵"的原则，只见这些盗贼们为了多占一点，开始拔刀相向，打了起来。看着他们人越打越少，越打越远，玄奘被眼前的这一幕给惊呆了，直到他们都不见了踪迹，玄奘这才缓过神来。

值得我们注意的是，在玄奘遇上高昌王之前，并没有受到盗贼的光顾，除了唐朝境内的治安环境和众人的保护之外，更重要的是玄奘是一位真正的"贫僧"，身上没什么值钱的东西。到了高昌之后，麹文泰的馈赠让玄奘成为中国历史上比较富有的取经僧人，好几大车的财富成为盗贼觊觎的对象，才招来了一次次的拦路抢劫。看来，释迦牟尼在佛教诞生之初就劝告弟子们不蓄资产，着实是用心良苦。

心有余悸的取经队伍不敢回头，一路疾行，生怕盗贼们再追上来。走了六百多里之后，他们到了姑墨国。玄奘在这里住了一宿，稍作休整后继续向西北走了三百多里，就到了白雪皑皑的葱岭。

玄奘在中原时，也爬过嵩山、陇山、秦岭、蜀山等名山。这是他第一次爬雪山，是一次全新的挑战。这里是葱岭北坡的凌山，海拔七千多米，冰雪终年不解，此时正是西北风盛行的季节，队伍冒着狂风暴雪前行，这让来自中原的玄奘寒战连连。由于海拔高，低压的环境无法煮熟饭，雪山中的徒步没有热量的补充，只能以冰冷的干粮充饥，晚上则是卧在厚厚的冰层上睡觉。就这样经过了七天七夜，队伍总算渡过了凌山。

在这次翻越葱岭的艰难行程中，受冻至死的力夫和驼马有十之三四，玄奘剃度的几个徒弟中也有人丧生。玄奘虽然生逢乱世，但一路走来还算是十分幸运，每每在危难之际都有贵人相助。高昌之后，因为有庞大的使团护送，玄奘一度放松了警惕，以为取经之路上不再危险。但在葱岭，他再一次感受到了自然力量的可怕，更令他心如刀割的是弟子的离去。经过这几个月的相处，玄奘已经将四个沙弥视如亲人。然而，玄奘目睹这样年轻的生命在大风雪中丧生，让他难以承受。

走出葱岭之后，玄奘一行人首先到达的是清池。这里的清池其实就是伊塞克湖，这里在玄奘经过的三十年后（658）成为唐朝辖地，是中原王朝最西边的翠湖之一。然而第二次鸦片战争后，沙俄军队于1864年5月入侵中国西部地区，并于6、7月间强占伊犁西北的博罗胡吉尔卡伦，伊犁岌岌可危。迫于俄国的武力威胁，清政府决定作出让步，因此在10月7日，双方于塔尔巴哈台签署了《中俄勘分西北界约记》，中国自此失去了伊克塞湖。

突厥叶护可汗

身体和精神遭受重创的玄奘在伊克塞湖稍作休整之后，就继续出发了。七八天之后，玄奘终于到达取经路上十分重要的一个城市 —— 碎叶城（故址在吉尔吉斯斯坦托克马克城西南）。

今天的我们对碎叶城并不陌生，主要是因为这里是唐代历史上最闪耀的诗仙李白的故乡①。可惜的是，玄奘此时并没有与李白相见的机会。据传李白生于长安元年（701），比玄奘小101岁。虽然玄奘无缘见到这位盛唐的谪仙人，但碎叶城中有另外一位贵人正在等他。

---

① 关于李白的故乡有很多说法，除碎叶城说之外，还有四川省绵阳江油市青莲镇和甘肃省定西市陇西县等说法。

在中亚的地界上，西突厥的叶护可汗是这片土地的霸主，西域与中亚的多个小国都在突厥铁骑的笼罩之下，只要搞定了叶护可汗，接下来的取经之路将畅通无阻。高昌王麹文泰为玄奘的安全操碎了心，他早就想到了这个关键人物。幸运的是，叶护可汗刚好是麹文泰的老大哥，为了托可汗照顾玄奘，麹文泰专门准备了丰厚的礼物和一份言辞恳切的信。

玄奘运气出奇的好，此时，叶护可汗正在附近的草原上打猎，玄奘如愿以偿地见到了叶护可汗。玄奘把信交给叶护可汗，叶护可汗打开信之后，只见信上写着："可汗眼前的这位高僧是我的兄弟，他要前往天竺求法，望可汗就像待我一样对待他。"

叶护可汗读了麹文泰的信，就对玄奘说："我现在要到远处狩猎，两三天内就会回来，请法师先进城安歇。"随即就吩咐人照顾玄奘一行人入城。

叶护可汗之所以不舍得打断自己的出行计划，仅仅吩咐侍从招待玄奘，主要是因为信仰观念的不同。玄奘是一位僧人，而叶护可汗则是一位拜火教 ① 徒，在他看来，玄奘只不过是麹文泰推崇的异教徒，他犯不着为了接待外道之人取消自己愉快的远行狩猎。

---

① 拜火教：又称琐罗亚斯德教，是基督教诞生之前在中东最有影响的宗教，也是古代波斯帝国的国教，在中国称为"祆（xiān）教"，北魏时传入中国。

三天后，叶护可汗终于结束了他与部下们的狩猎活动，就派人请玄奘来到自己的金色大帐。叶护可汗的大帐上装饰着各种黄金打造的金饰片，在阳光的照耀下，宛如一只巨大的金雕正要展翅翱翔。玄奘详细记录了他见叶护可汗时的所见所闻，也正是因为他的记载，为今天的考古学提供了重要的文献佐证。随着西北考古的逐渐深入，考古学界发现了大量的金饰片，起初难以确证这些物品的用途，当读到玄奘的记载之后，才终于揭开了草原上出土的这批金银器真实的用途。

叶护可汗在金帐里招待玄奘，突厥信奉火神，因为木头是可燃之物，内部蕴含火种，所以不坐椅子。但为了对玄奘表示敬重，叶护可汗为他准备了一张铁交椅。这种铁交椅其实就是今天我们所说的"马扎"，是北方游牧民族特有的家具。北方实在太冷，尤其对于不盖房子的游牧民族来说，无论是跪坐还是箕坐，都要接受寒气的洗礼，骨质疏松和关节炎在草原上是常见病。根据这个痛点，一种腿交叉、可以合拢、便于携带的坐具就应运而生，时人称之为"胡床"。它是由八根木棍组成，坐的一面为棕绳连结，张开的时候就是坐具，平常的时候可以折叠起来，李白诗中"去时无一物，东壁挂胡床"写的就是它。

当我们了解胡床的样子之后，可以推想，在那个阳光和煦的下午，叶护可汗坐在地毯上吃着烤肉，玄奘则坐在小马扎上，摇晃着红酒杯，正专注地给可汗讲法①。在当时的天下，玄奘的演讲能力堪称一绝，他的语言魅力和智慧的光芒曾让无数人为之倾倒，叶护可汗原本是坚定的拜火教徒，但在讲座结束之后却成为玄奘的"铁粉"。

在第一次与玄奘见面的时候，叶护可汗仅仅把玄奘当作一位普通的僧人，如今，要与玄奘分别时，玄奘的分量在他的内心中已经发生了巨大的变化。叶护可汗听人说，印度那里全年都特别热，那里的人都长得黑黢黢的，看到消瘦的玄奘，他十分担心玄奘到了印度就被火辣辣的太阳给融化了，因此劝谏他不要再向前。但玄奘取经之志十分坚定，叶护可汗不好再作阻拦。为了帮助偶像取经成功，他特地找来了一名精通中亚各类语言和汉语的少年当玄奘的翻译，并交给他十几份国书，帮助玄奘打通西行之路。

叶护可汗文治武功都十分突出，在位期间，西突厥迎来了最后的辉煌。他在西域的影响力十分广泛，多数小国都在他的铁骑威慑之下。因此，玄奘在他的关照下，取经之路十分顺畅。然而，玄奘离开突厥之后，叶护可汗的命运也迎来最后时刻，因为就在同一年，叶护可汗被他的叔父谋杀。这位帮助玄奘的突厥可汗亡

---

① 《大慈恩寺三藏法师传》："食讫，更行葡萄浆，乃请说法。"

故之后，控制北方草原近百年的突厥陷入了长时间的内乱之中，笼罩在隋唐历史上最可怕的对手逐渐退出了历史舞台。

丝路上的粟特人

玄奘离开突厥后，经过近十天的行程，到达怛罗斯城（今哈萨克斯坦江布尔州塔拉兹）。此时，这里还是突厥控制的范围，但在一百多年后，这里发生了一场惊天大战，改变了世界历史的走向，即著名的怛罗斯之战。

公元七到八世纪，正是玄奘生活和发挥影响力的年代，欧亚大陆上有三个大帝国正处于兴盛期，分别是拜占庭帝国、阿拉伯帝国和唐帝国。在玄奘《大唐西域记》成书前后，唐朝逐步控制西域，建立了以安西都护府、北庭都护府为核心的西域统治体系。与此同时，阿拉伯人也在迅速崛起，经过战争扩张成一个横跨欧亚非三大洲的空前大帝国。随着野心的膨胀，阿拉伯帝国开始向东发展。

天宝九载（750），安西四镇节度使高仙芝攻下石国，掳走石槃陀的母国石国国王及其部众，侥幸逃脱的石国王子向黑衣大食（阿拉伯阿拔斯王朝）求救。高仙芝先发制人，主动进攻大食，深入七百余里，最后在怛罗斯与大食军队相遇。最后，葛逻禄部众突然反叛，与阿拉伯军夹击唐军，导致高仙芝失败，只剩下数千人返回。此战之后，唐朝抵达军事扩张的顶点，世界格局出现了巨大变化。

玄奘经过怛罗斯城时（628 年），伊斯兰教的先知穆罕默德正在阿拉伯半岛建立伊斯兰教国家政权。当时的世界正发生着重大的宗教变革，玄奘信仰的佛教在印度迎来最后一个兴盛期，伊斯兰教和基督教的对抗将会成为影响此后近千年的西方世界历史发展的因素之一，就在这场宗教争斗中印度佛教逐渐衰落。

就在玄奘路过怛罗斯的四年后，穆罕默德逝世，阿拉伯帝国开始了积极扩张，最终与大唐在怛罗斯相遇。阿拉伯帝国占领中亚之后，玄奘走过的陆上丝绸之路完全断绝，唐朝也进入了自顾不暇的藩镇割据时代。当然，此时的玄奘虽然与同时代的穆罕默德近在咫尺，但他却无法见证这个新兴宗教的崛起，更令他没有想到的是，在数百年之后，伊斯兰教的清真寺将会布满他逃出瓜州之后的取经之路。历史这位编剧总会用遗憾吊足读者的胃口，两位世界宗教史上如此重要的人物并没有见面的机会，玄奘无法预测后来的事，他的目标永远都在前方。

离开怛罗斯之后，玄奘又走了十来天，来到了著名的粟特地区，这里有康国（飒秣建，今乌兹别克斯坦撒马尔罕）、安国（捕喝，今乌兹别克斯坦布哈拉）、曹国（劫布咀那，今乌兹别克斯坦撒马尔罕附近）、石国（赭时，今乌兹别克斯坦塔什干）、米国（弭秣贺，今乌兹别克斯坦撒马尔罕东南）、何国（屈霜你迦，今乌兹别克斯坦撒马尔罕西北）、火寻（花剌子模，今乌兹别克斯坦和土库曼斯坦一带）等国家。粟特地处亚洲大陆东西和南北交通的十字路口，因此，粟特人是丝绸之路上最活跃的商业民族之一。南北朝以来，粟特商人大量来华，迁居中国内地，活动范围主要在北方地区，以丝绸之路沿线的西域、河西、关中、中原为中心，尤其集中于河西诸镇、长安、洛阳、太原等几个大城市。玄奘生活过的长安和洛阳是粟特人入华的主要聚居地，所以对粟特人并不陌生。

在古代中国，凡是在中原王朝控制的地区生活的外国人，都需要为自己起一个中国的名字，以方便地方政府的管理。粟特人就纷纷以自己的国名为姓，就有了著名的康、安、曹、石、米、何、火寻、戊地、史等昭武九姓。在中国历史上，掀起安史之乱的安禄山和史思明就是粟特人，宋代著名书法家米芾就是粟特人的后裔。在近代历史上，考古学家在中原地带发现了大量粟特人的墓葬，比如北周安伽墓、史君墓、康业墓等，墓主人都是入仕北周政权的粟特后裔，并且曾担任"萨保"要职。因此，外来的粟特人在魏晋南北朝和隋唐历史上是一支不可忽视的力量。

与玄奘息息相关的是，他在瓜州收的第一个弟子石槃陀就是粟特人，来自石国，因此，玄奘对这里倍感亲切。

粟特人信仰拜火教，所以对异教徒玄奘并不是十分欢迎。但是，此番入境的玄奘不仅是高昌国王的御弟，还有突厥可汗的国书，是粟特诸国都不敢得罪的人。因此，康国的国王只好很不情愿地把玄奘接到王城里安歇。玄奘在取经之路上的身份类似于明清时代的利玛窦、郎世宁那样的传教士，作为大乘佛教的"宣传委员"，玄奘不放弃任何一个讲座的机会。在康国的王城，玄奘再一次用他那天籁一般的声音和难以掩盖的智慧讲法，一夜过后，国王的价值观和人生观不出意外地被他改造了。

然而，就在弟子们对玄奘创造的新的宣传案例而欣喜的时候，一场大火正在悄然酝酿。当然，并不是《西游记》第十六回"观音院僧谋宝贝，黑风山怪窃袈裟"中的那场大火，玄奘身上并没有传说中的宝贝袈裟，只有叶护可汗送给他的绯绫袈裟。这场大火的缘由，主要是因为宗教之间的信仰之斗。原来，信奉拜火教的粟特人认为圣火神圣无比，玄奘让国王改变了信仰，导致圣火不再圣洁。因此，只有用火，才能驱逐这些破坏圣火的异教徒。于是，在玄奘安睡的寺院，拜火教徒放了一把大火。好在谨慎的玄奘在异国他乡一直保持着警惕，躲过了这次火灾。

国王知道这件事情之后怒不可遏，自己的偶像竟然在国境内被人谋害，为了保护玄奘，国王下令拘捕肇事之人，并且当众砍断他们的手。玄奘不忍有人因为自己而断送手脚，因此急忙劝阻，国王这才取消了严厉的惩罚。

自此之后，玄奘仁慈善良的名声在国内传开了，大家都见识到了佛教徒的智慧和光彩，很多原本信仰拜火教的人纷纷请求玄奘为他们剃度，皈依佛门。

昔日的巴米扬

离开康国之后，玄奘又经过了石槃陀的故乡，穿越了粟特地区，来到了活国。令玄奘欣喜的是，这里刚好是叶护可汗的长子咀度设的封地，此番前来的玄奘，身边还跟着叶护可汗选派的翻译，这么硬的关系，让玄奘不再对前路忧愁。亲上加亲的是，咀度设的妻子可贺敦是高昌国王麴文泰的妹妹，作为高昌王的御弟，可贺敦可以说是玄奘的妹妹。但遗憾的是，就在玄奘抵达活国的前不久，可贺敦因病逝世，她始终没有等到哥哥托玄奘带给她的信。可贺敦的离去令玄奘和咀度设都十分伤心，咀度设心如刀割，以至于患上心病，卧床不起。

玄奘着急赶路，但正值国丧期间，玄奘不好抛下咀度设前行，因此只好暂且留在活国。不久，活国来了一位天竺的僧人，他为咀度设诵咒，咀度设奇迹般地好转起来。玄奘本来以为自己看到了启程的希望，有咀度设的帮助，可以省去前路很多麻烦。然而，咀度设终究逃不过死神的捉弄，他的大儿子觊觎大位已久，本来濒临死亡的父亲却被梵僧治愈了，这让他感受到深深的不安。于是，咀度设的大儿子伙同咀度设另外一位年轻的妻子毒杀了咀度设，咀度设紧跟着父亲叶护可汗和妻子高昌王妹逝世了。

因为玄奘与咀度设的关系，让他深陷在活国的政治旋涡中无法脱身，只好等待时局的稳定。庆幸的是，玄奘的人格魅力再次发挥了作用，咀度设的儿子也是玄奘的铁杆粉丝，他愿意资助玄奘继续西行，完成取经的心愿。活国新的统治者为玄奘安排了取经的向导，并资助了大量财物当作取经之资，玄奘顺利脱离活国的政变。

之后，玄奘一行人经过了缚喝罗国、锐秣陀国、胡实健国，抵达了梵衍那国（今阿富汗巴米扬地区）。梵衍那国是玄奘必须经过的地方，这里除了有盛行的佛教和精美的佛教艺术之外，也是麹文泰想要朝圣的佛教圣地。国不能一日无主，麹文泰身为高昌国王，不能撇下百姓独自实现自己朝圣的愿望，因此，玄奘在高昌临行之前，麹文泰嘱咐玄奘务必在途经梵衍那国时，前往王城郊外"天下第一立身大佛"的石像前代为朝拜。这尊立身大佛就是如今位于阿富汗境内兴都库什山附近的"巴米扬大佛"，它确实是迄今为止世界上最大的立身佛像，是极为珍贵的物质文化遗产。

在玄奘之前，晋代高僧法显也曾来到巴米扬，目睹了这尊珍贵的佛教早期大型造像。到了玄奘抵达这里的时候，在原本造像的西面又开凿了一尊更为巨大的立佛造像，玄奘被眼前的景象震撼得说不出话来。后来，他在《大唐西域记》中对这两座巨像做了比较详细的描述，即"王城东北山阿，有立佛石像，高百四五十尺，金色晃曜，宝饰焕烂。东有伽蓝，此国先王之所建也。伽蓝东有输石释迦佛立像，高百余尺"。

据研究，西大佛凿于5世纪，高53米；东大佛凿于1世纪，高37米。两尊大佛相距400米，位于石窟群的两端，是巴米扬石窟的标志，远远望去十分醒目。法显和玄奘都是极为幸运的人，他们看到了巴米扬大佛的真容。尤其是玄奘，他到来时，巴米扬石窟正迎来它最鼎盛的时刻。然而，今天的我们已经无缘得见这两尊大佛了。2001年3月，阿富汗武装派别塔利班不顾联合国和世界各国的强烈反对，动用大炮、炸药以及火箭筒等各种战争武器，摧毁了巴米扬包括塞尔萨尔和沙玛玛在内的所有佛像，巴米扬大佛在现代武器的轰鸣中化作齑粉，消失在尘埃之中。如今的巴米扬，仅剩下两个空空的大洞，像两只不可名状的眼睛，凝望着一片焦土的阿富汗。

第八章　进入印度

儒童进阶成为释迦牟尼

离开巴米扬地区后，玄奘一行人又来到了迦毕试国，这里与玄奘的目的地印度仅仅隔着一座黑岭。此时，正值炎热的夏季，在僧人的诸多戒律中，有一种叫作"夏坐"的戒律。在印度，雨季长达三个月，位于热带地区，又闷又热，频繁的降雨也导致蚊虫滋生，所以室外既不适合僧侣的修行，行走中的僧侣也常常会踩到林中爬行的小虫，这对于僧人而言是犯了严重的杀戒。因此，佛陀根据印度的自然环境，规定僧人在此期间不能出行，只能居住在房舍里修行，所以称为"安居"。又因为安居的时间在夏季，因此被称为夏坐。在中国历史上的取经人中，法显是比较遵循佛教戒律的，在他的取经之路上，每到夏季，必然会停下来夏坐，而玄奘是一个目标很强的人，不会被佛教的戒律束缚手脚，数万里的取经之路有着数不清的难题，但凡不利于取经的因素，他都可以舍弃，这是玄奘与其他僧人所不同的地方。

　　玄奘到迦毕试国时，取经之路才过了两年，遥想当年法显抵达这里时年近古稀，玄奘知道自己已经节省下了很多时间，决定慢下脚步。于是，玄奘在沙落迦寺进行夏坐，这也是前往天竺之前对自己的一次整理。

　　夏坐结束后，玄奘翻越黑岭，进入北印度。

　　传世文献中并没有记载玄奘抵达印度时的心情，当然，我们能够想象得到他踏上佛教诞生之地的激动与感慨。对于古代中原僧人而言，能够瞻仰佛陀的圣迹，是遥不可及的一件事。玄奘一路走来，经历了朝廷的追捕、玉门关的拦截、莫贺延碛的绝境、麹文泰的强留、龟兹的劫匪、葱岭的大雪、活国的政变等事件，每一件事似乎都可以置玄奘于死地。但是，玄奘以其顽强的精神和独特的人格魅力渡过了一个个难关，最终还是来到了他魂牵梦萦之地，他的内心怎能不感慨万千？

　　对比此后的取经人而言，玄奘是十分幸福的，此时的印度正处于佛教最后一个辉煌期。这是释迦牟尼涅槃的一千年后，佛陀时代的很多圣迹虽然残破，但仍旧有迹可循。于是，玄奘开启了他的打卡模式。

　　玄奘首先来到滥波国，这里是佛陀生前抵达的最北境，也是玄奘第一次如此真切地接触佛陀曾经抵达过的地方。于是，玄奘就在佛陀曾经的驻足处久久地伫立，以此来纪念佛陀当年的远行。

　　之后，来到那揭罗喝国，这里有一座佛塔，是纪念佛陀当年与燃灯佛在这里的奇遇。如今，在笔者守护过的榆林窟中，回鹘时期重修的第39窟中就有儒童本生故事画，画面中的一位童子虔诚地跪在地上，他把自己的长发散开，铺在泥滩之上，燃灯佛正从长发上走过。

　　这是《六度集经》中记载的一个故事，故事的主人公是儒童，他也是释迦牟尼无数前世中的一位。儒童从小聪明伶俐，读遍了所有的书籍。后来，他觉得家乡的老先生已经教不了新的知识了，刻苦学习的他就萌生了云游求学的想法。于是，他准备好行囊，跋山涉水去拜访名师。到了一座大城时，他看见百姓们正忙着清扫街道，就好奇地向路边的大妈询问原因。原来，人们之所以打扫卫生，是因为燃灯佛将要莅临这个国家。听到这里，儒童心中无限欢喜，因为燃灯佛就是他一直以来崇拜的偶像。他想要以鲜花来供养佛，可是花店里的花早已经被人们采购一空，这该如何是好呢？此时，恰好遇见青梅竹马的采花女正手捧着青莲将要返回王宫，于是他们俩就约定一同向燃灯佛献花。燃灯佛终于如期而至，可就在燃灯佛刚要进城的时候，城门口还有一摊污泥没有打扫干净。为了不让污泥染污佛足，儒童立刻解开发髻，以长发覆盖在污泥上，让燃灯佛行走。这种至诚恭敬的心让燃灯佛大为触动，他当即收儒童为徒，并告诉儒童说：你将来会降生在娑婆世界，名号是释迦牟尼，广度一切众生。

这是释迦牟尼的前世故事，儒童本生的故事体现出的是佛教传承的思想，是佛教徒用来解释佛教源远流长的传承而编造的。这个故事传到中国之后，其中表达出的尊师重道的思想恰巧与儒家的文教相契合，因此流传开来。

犍陀罗艺术与晒衣石

玄奘一行人往东南度过沙岭十余里，到了佛顶骨城，这是玄奘第一次见到佛陀的顶骨舍利。他瞻仰完佛陀舍利之后，取经队伍先一步到前方城市打前站，玄奘独自前去寻访著名的佛影窟。去佛影窟的路十分险峻，路况复杂，玄奘迷了路，途中还遇到了强盗。玄奘不慌不忙，以其人格魅力和高超的语言技巧说服了强盗，并在他们的带领下找到了神秘的佛影窟。

佛影窟是佛教的一处圣迹，它的形成是通过小孔成像的原理，通过光将室外的影像折射进洞内石壁上。佛教弟子玄奘并没有看过墨子关于小孔成像的描述，所以并不了解这一科学原理，以至于他在洞窟顶礼拜了二百拜，直到头晕目眩时，才见到了传说中的佛影。五个盗贼进去时，正好看到石壁上的佛影，因此认为玄奘是天人下凡，纷纷跪下请求玄奘给他们授戒，放下屠刀，皈依佛门。

看完佛影窟之后，玄奘赶上取经队伍，继续向东南走了五百余里，来到了犍陀罗国。玄奘一路上经过了麦积山石窟、凉州石窟、高昌的吐鲁番石窟群和龟兹国的龟兹石窟群，被这些精美的佛教艺术一次次震撼。这一次，他终于来到了佛教艺术诞生的地方，在犍陀罗的佛塔上和寺庙里，他看到了贵霜帝国时期，吸收了希腊的雕刻艺术而创造的犍陀罗佛教艺术，那种健硕的佛陀形象与汉地的艺术截然不同，散发着一种十分独特的神性。

在玄奘的诸多身份之中，一个很重要的身份被大家普遍忽略，他其实是一位极具艺术审美的美学大师。因为长期生活在佛教艺术品包围的寺庙中，又在取经之路上参观过诸多佛教的石窟寺，这在当年的旅游条件下，玄奘是为数不多的刷遍丝绸之路上各大石窟的人。玄奘遍览从1世纪到7世纪初的佛教艺术圣地，开阔的眼界使其培养出超高的审美水准，在取经之路上，他一直很关注佛教造像艺术的变化，以至于后来在长安城，他以策展人的身份举办了有史记载的第一次国家级佛教艺术展览。

犍陀罗不仅是佛教艺术的圣地，也拥有很多佛陀时代的圣迹。

通过史料的记载来看，似乎玄奘的时间很充裕。另外，玄奘的度牒简直就是一张万能的免门票证，他参观了这里大大小小的圣迹。虽然这里不收门票，但玄奘并没有忘记作为中国人的礼教，他每到一处打卡地，就拿出高昌王送给他的财物供养给寺庙。这位"散财童子"一路参拜过来，国王哥哥麹文泰为他准备的路费几乎被挥霍一空。然而，对于玄奘而言，他从来不会为自己的旅行费用操心，那些身外之物没有什么可操心的，更何况他的讲座费足够高，所谓"千金散尽还复来"嘛。

玄奘在犍陀罗流连了很久，离开这里之后，他又来到了乌仗那国（今巴基斯坦境内）。在瞢揭厘城，玄奘看到了佛陀曾经晾晒袈裟的濯衣石，千百年的风吹日晒，仍旧有几条衣纹留在石头上。据传当地有位龙王不喜欢释迦牟尼来到乌仗那国传扬佛教，就大兴风雨，猝不及防的大雨让释迦牟尼的袈裟里外尽湿，释迦牟尼用神通力停止大雨，之后就在这块石头上晾晒刚刚打湿的袈裟。等袈裟干燥后，释迦牟尼把它穿在身上，石头上就留下了袈裟的衣纹。

关于这个故事，开凿于初唐的敦煌莫高窟第323窟中就有相应的壁画。画面中，一位不信佛教的婆罗门听说了佛陀濯衣石的圣迹，就特意来到乌仗那国破坏。只见他光着脚正在濯衣石上踩踏，天空中有雷神守护这处圣地，所以用雷电击晕了婆罗门，两位天女正在一旁认真地清洗弄脏了的濯衣石。

舍身求偈和舍身饲虎本生故事

玄奘离开瞢揭厘城之后，来到醯（xī）罗山时，感慨不已，因为这里是释迦牟尼的前世雪山童子求闻半偈舍身的地方。在《大般涅槃经·圣行品》中记载，释迦牟尼的某一前世曾经是一位婆罗门，他终日在雪山中修行，希望求得大乘佛法。因其在雪山修行，故又称"雪山童子"。帝释天想考验雪山童子修道的意志，就幻化为面目狰狞的罗刹鬼，来到婆罗门修行的石窟外，用天籁之音唱了半句佛教偈语"诸行无常，是生灭法"。这半句偈语如深夜中的月光一样，让婆罗门醍醐灌顶，婆罗门赶忙停止禅修，出门请教。只见一个罗刹鬼在门口斜倚着，婆罗门没有一点畏惧和厌恶的心思，恭敬地上前行礼请教佛法。

婆罗门说："您刚才的那半句偈语实在太精妙了！我可否听大师把全部的偈语唱完？"

罗刹鬼则说："我现在肚子很饿，饿得说不出话来。"

婆罗门急忙问："那您喜欢吃些什么呢？"

罗刹鬼回答道："我只吃新鲜的人肉，喝人的热血。"

婆罗门十分想要聆听佛法，但却不能因此而伤害别人的性命，因此决定把自己的血肉献给罗刹鬼吃，就对罗刹鬼说："那就请您揭晓整首偈语吧！我听到之后，就把自己给您吃！"

罗刹鬼大吃一惊，他不相信真有人为了求道放弃自己的生命，所以一再确定婆罗门的决定，婆罗门心愿已定，发誓绝不反悔。看到婆罗门如此坚决，罗刹鬼就说出了下半句偈语，即"生灭灭已，寂灭为乐"。

婆罗门听完偈语，顿时开悟。为了不违背发下的誓愿，他当即爬到大树上，打算纵身从树上跳下来，以方便罗刹鬼吃肉饮血。正在他往下坠的时候，罗刹鬼恢复了帝释天的原形，伸出双手从半空中接住婆罗门，将他安全地放到地上。

在莫高窟第285窟中，保存了西魏时期绘制的婆罗门舍身求偈本生故事画。玄奘到达醯罗山的佛塔前时，很可能也在佛塔的身上看到了类似的故事画。这种"朝闻道，夕死可矣"的求法精神深深地打动了取经的玄奘，他被释尊昔日为求佛法而舍身的故事激励，坚定了舍身求法的决心。

之后，玄奘渡过了信度河，来到了呾叉始罗国。这个国家有一处十分特别的地方，那里的草木全部都是红颜色的。玄奘觉得很奇怪，就向当地人请教。原来这是释迦牟尼前世为萨埵王子时，舍身饲虎的地方，传说是因为王子的鲜血曾流到地面，所以周边的植物都被血染红了。

这个故事在佛教传播的早期十分流行，莫高窟保存有多处萨埵王子舍身饲虎的壁画，其中最著名的就是莫高窟第254窟和第428窟。故事讲：一天，三位王子外出游玩，来到一座陡峭的高山上。就在爬到山顶登高望远的时候，他们发现眼前的山谷中有七只刚出生不久的小虎，围绕着一只母虎，嗷嗷待哺。母虎已经很久没有找到食物了，所以饿得骨瘦如柴，奄奄一息地躺在地上，濒临死亡的边缘。如果母虎饿死，没有捕食能力的七只小虎也会相继被饿死。

善良的王子们都非常同情老虎的遭遇，但是，他们不能去猎杀其他的生命来喂养老虎，这可怎么办呢？然而，三王子萨埵心中已经有了主意，但要实现这个计划，就必须支走两位哥哥。

萨埵让哥哥先走，自己如厕之后很快就追上哥哥。等两位哥哥走后，萨埵来到老虎旁，脱了衣服躺在母虎的嘴前。但是，濒临死亡的母虎饿得连吃肉的力气也没有了。于是，萨埵爬到了山崖上，用一竹刺刺破脖子上的大动脉，纵身落到老虎旁。老虎闻到血腥味，用舌头舔食了新鲜的血液之后，逐渐恢复了力气，进而吃掉了萨埵。

萨埵的两个哥哥等了半天，也没听到弟弟的马蹄声，怕他迷了路，所以又返回到山谷中寻找。当回到遇见老虎的山谷时，强烈的血腥味远远地飘了过来，映入眼帘的是斑斑血迹和一堆刚刚被吃去血肉的残骸。他们从衣服和帽子上认出了弟弟的尸骨，顿时心如刀绞，趴在弟弟的遗骨上放声痛哭，懊悔不该让弟弟一个人留下，以至于葬身虎口。

眼看天色已晚，为了不让父母担心，两位王子急忙飞奔到王宫，向父母告诉了弟弟舍身饲虎的始末。一家人痛不欲生，不忍心留萨埵的尸骨在野兽出没的荒野，所以就为萨埵建造了舍利塔，将他的遗骸供入塔中。

作为佛教徒，玄奘的偶像当然是释迦牟尼。一路走来，玄奘经行了释迦牟尼许多事迹的诞生地，让他取经的信仰更加坚定。在精神力量的驱策下，玄奘终于来到了取经路上的一个极为重要的目的地，那就是迦湿弥罗国。

迦湿弥罗位于今天的克什米尔地区，唐代以前称罽宾国。迦湿弥罗是佛教的圣地，也是佛教历史上第四次结集的地方。正是因为贵霜帝国的迦腻色迦王大力推行佛教，组织佛经的翻译和整理，才使佛教走出印度，开始向中亚、西域和中原传播。汉晋时代，这里是佛教的中心之一，保存了大量的佛教经典。早期的中国高僧一直把这里当作取经和学习的目的地，著名的佛图澄和鸠摩罗什都是在这里毕业的。

到了唐代，这里虽然不及当年的盛况，但仍然汇集着各地的高僧和第四次结集时留存下来的重要经典，是玄奘不可错过的圣地。因为有突厥可汗的背景，玄奘在这里受到了礼遇，国王亲自迎请玄奘入宫接受供养，并派了五个人侍候玄奘的生活起居，超高规格的待遇让国内的众僧都十分羡慕。

玄奘在迦湿弥罗遍访名师，七十岁的僧称法师本来已经决定封口不再讲经，当他接触到玄奘后，预感到佛法兴盛就在这个年轻人的身上。于是，僧称法师不顾体力虚弱，费心劳力为玄奘讲经，将毕生领悟都倾囊相授。

在迦湿弥罗，玄奘接触到了此前从未接触过的知识，对于"贪婪"的玄奘而言，这里简直就是知识的金库。因为长期的徒步锻炼，玄奘可绝不是我们想象中的文弱书生，他年轻的时候身体很好，于是就开启了疯狂的"啃书模式"。当然，玄奘不是只知道读书的"书虫"，他十分清楚向上社交的重要性，当国王得知玄奘为取经而来的目的，就派遣了二十个人为玄奘抄写经文，这大大加快了玄奘访取"正版教科书"的速度。玄奘的记忆简直形同于复印机，短短两年间学遍了此前没有读过的经书和论议，玄奘的抄经团队也相当给力，他们就像运行有序的编辑部和印刷厂，迦湿弥罗主要的经典基本上都呈现在玄奘的贝叶经上了。

福 祸 相 倚

《道德经》里讲:"祸兮,福之所倚;福兮,祸之所伏。"玄奘日后在将《道德经》翻译成梵文的时候,可能会为这句话感叹唏嘘。玄奘的取经之路一直都是福祸相倚的,他刚刚从迦湿弥罗完成了自己的取经小目标之后,又遇上了一次惊险的拦路抢劫。

时年三十一岁的玄奘离开了迦湿弥罗后,向着西南前行,经过了半笯嗟国、磔迦国、阇耶补罗城、那罗僧诃城之后,来到了茂密的波罗奢大森林。在森林中,有一群专事抢劫的贼人,一共有五十几人,他们盯上了玄奘的队伍。迦湿弥罗国王供养给玄奘丰富的路费,富裕的玄奘成为劫匪眼中油水不少的肥羊。他们把玄奘等人的衣服和财物全部夺走,提着刀把玄奘等人押到路旁一个干枯的池中,当作杀人之后的埋骨之地。这里杂草丛生,玄奘的一个小徒弟发现南岸有一条水道,勉强可以容纳一个人走,乘贼人不注意的时候,就拉着玄奘一起逃走了。师徒两人逃命的速度非常快,跑了二三里地,在田地里遇到了一个耕田的婆罗门,就把遇上盗贼的经过告诉了他。热心肠的婆罗门让玄奘看着他的牛,他从牛脖子上取下海螺,吹了一阵之后,全村的青壮年都拿着锄头跑来会合。欺负人少的贼人们看见来势汹汹的村民,一下就四散逃掉了。玄奘带着人解救了同行的队员，村民见大家一个个都赤条条的光着身子，就把自己的衣物脱下来布施给队员们穿。

村民邀请劫后余生的队员们到村中投宿，晚上，围坐在火塘边的大家还心有余悸，只有玄奘突然发出笑声。同行的人对玄奘的行为都十分奇怪，玄奘坦然地解释说："人最珍贵的就是生命，如今我们每一个人的生命都在，其他还有什么可失落的呢？我的家乡有句老话，谓'天地之大宝曰生'①，所以我们丢失的仅仅是几件衣服而已，又何足忧哉！"

从这里，我们可以看出玄奘有极强的"领导力"。取经之路是十分艰苦的磨砺心智之路，对于常人而言，最痛苦的不是第一次遇见困难的时候，而是当你刚刚拥有一个收获之后，又被突然收走的时刻。玄奘作为队伍中的灵魂人物，他必须肩负起队员心理治愈的任务，即使他的心早已被诸多磨难弄得伤痕累累，他也要拾起精神，安抚队内的每一个人。

写到这里，让我想到了《西游记》中唐僧的坐骑被小白龙吃掉时的场景。原著中唐僧听到这个消息后说："既是他吃了，我如何前进？可怜啊！这万水千山，怎生走得？"说着说着，唐僧就泪如雨下，哭了起来。听到这番话，连孙悟空也忍不住了，大喊道："师父

---

① 化自《周易·系辞传》："天地之大德曰生，圣人之大宝曰位。"

莫要这等脓包形么！"确实，《西游记》中的唐僧就是这么怯懦，丢了代步工具就要放弃取经，活脱脱是一个只知道哭哭啼啼的脓包。

所以，真实世界里的唐僧绝不是懦弱的胆小鬼，玄奘的心无比坚毅。另外，我们还要注意一个小小的细节，作为一个佛教徒，玄奘安慰队员的时候，引用的经典不是佛教经文，而是《易经》的内容。从这一次的引经据典，我们可以管窥玄奘的知识结构，他不仅是一位学贯中外的佛学大师，也是一位兼通儒释道的文学宗师，正是他如此渊博的知识，才塑造了后来流传千年的作品。

经历了波罗奢大森林的遭遇后，玄奘又变成了两手空空的贫僧。《道德经》中记载的"福祸相倚"的道理很快就在玄奘的身上显现。此时，古印度的很多国家都得知玄奘前来取经的消息，也知道了玄奘在波罗奢大森林被劫的事。于是，在接下来经过至那仆底国、屈露多国、设多图卢国、波理夜呾罗国、秣菟罗国、萨他泥湿伐罗国、禄勒那国、秣底补罗国、婆罗吸摩补罗国、瞿醯掣呾罗国、毗罗删拿国、劫比他国等国时，玄奘又收到了很多供养，重新获得充足的路费。在一次次获得和失去之间，玄奘了悟了佛家"成、住、坏、空"的哲学，也许生活在这"熙熙攘攘"的人间才是最好的修行，这一路上的经历成就了玄奘难以企及的修行高度。

之后，玄奘来到了羯若鞠阇国，这个国的国都所在地就是著名的曲女城。玄奘在曲女城休整的时候，已经听说了戒日王的事迹，但此时他并没有什么好机会与戒日王相见，所以很快就离开了曲女城。当然，玄奘不会想到的是，他会和戒日王在九年后相遇，而那次相遇，戒日王将会带着他登上人生巅峰。

在玄奘还没有等来自己的人生巅峰的时候，生命的考验再一次降临在他的身上。

离开曲女城之后，玄奘来到了阿逾陀国，这里水利交通方便，玄奘坐上船，打算沿着恒河泛江而下。在古代，靠路吃饭的人有三类，一类是路上抢劫的山贼，第二类是海上出没的海盗，还有连接陆地和海洋的水贼。在恒河，玄奘就遇上了第三种。

玄奘等人正坐在船上欣赏恒河沿岸的风景，那时候的恒河还没有垃圾，真个是"波涛轻拂岸，美景在心底"。忽然，从两岸蹿出十多条贼船，船夫还没反应过来，就把玄奘等人包围了。印度的职业水贼有着堪比浪里白条张顺的水性，玄奘很快成为"战利品"。印度人打劫讲求个"彻彻底底"，他们习惯于把人抢得裤衩都不剩，玄奘等人再一次被赤条条地扒光了衣服。

更加令人绝望的是，这批水贼竟然还有信仰，他们是突伽天神①的信徒，每年秋祭的时候，规矩是找一个容貌端正的人作为牺

---

① 突伽天神：印度教神话中至高神湿婆（Siva）之妻提毗（Devi）众多别名中的一个。

牲，用新鲜的血肉进行祭祀，祈求天神赐福。在当时的一船人中，玄奘的容貌属于鹤立鸡群，他英俊的面庞无可挑剔，当之无愧地被选为人祭的人选。第一次，因为超高的颜值，玄奘迎来了厄难。同船的人不忍玄奘受难，有人站出来自愿替代他牺牲。然而，水贼对这种不自知的人投来深深的鄙视，玄奘似乎逃无可逃了。

当然，我们知道，玄奘后来回到了大唐，这就表明他渡过了这次难关。那么，玄奘是怎么逃出生天的呢？

答案是因为天气，就像诸葛亮求来的那场东风一样，在林中即将被屠杀的玄奘也等来了一股怪风。水贼正要举刀杀玄奘的时候，一阵黑风四起，接着滚滚黄沙袭来，宛如《西游记》里的赛太岁摇动了紫金铃，连腰粗的大树都被吹折了。水贼们以为惹怒了天神，纷纷下跪请罪忏悔。玄奘则以为是菩萨相救，就在飓风中念诵菩萨名号，并唱诵佛法。在大风之中，赤条条的玄奘宛如天神降临，贼人们立即把刀枪投入河中，大风逐渐停歇了下来。贼人们知道这个僧人不简单，就请求玄奘为他们授戒，玄奘想起了佛陀度化五百强盗成佛的故事 ①，欣然接授了他们的皈依。

在当时的宗教世界里，教派之间的斗争十分激烈，但在天气的帮助下，玄奘不仅安然渡过了危机，还扩充了佛教的信仰者，不

① 莫高窟第285窟中有长卷式的五百强盗成佛图，绘制得十分精彩，详情参见笔者的《壁画里的莫高窟》一书。

得不说这是一个奇迹。之后，水贼们释放了众人，还亲自服侍光着身子的玄奘穿上衣服，保护他们渡过了一段最凶险的河道。要论水上作业，这群水贼是行业内的顶级人才，因此，玄奘一行人安全抵达阿耶穆佉国。

第九章　佛陀的痕迹

旃檀佛与祇园精舍

　　玄奘一行人渡河之后一直向东南出发，走了七百余里后，到了钵罗耶伽国。在这里，玄奘恰巧遇上戒日王正在进行大布施，但玄奘只是一个过路的云游僧人，忙于布施的戒日王并没有和玄奘相遇，两位再次完美错过。后来，戒日王与玄奘见面之后，当他得知自己曾两次与玄奘错过，内心惋惜不已。

　　离开钵罗耶伽国之后，玄奘进入了一片原始森林，这里保持着大自然生物的多样性，猛兽和野象常常在山林里出没。对于玄奘而言，最恐惧的是不可预估的人心，而那些食人的野兽反而是可以防范的。走出大森林之后，他们就到了侨萨弥国。

　　在侨萨弥国王城，玄奘看到了传说中的世界上第一尊佛像，由一块檀木雕刻而成。故事讲：佛释迦牟尼原本是释迦族的悉达多太子，他的母亲摩耶夫人在生下他不久之后就逝世了。释迦牟尼成道之后，为了报答母亲的生育之恩，就飞升到忉利天宫上为母请讲经说法。我们不知道印度的神话里有没有"天上一天，地上一年"的说法，好几个月过去了，人间的优填王还没有见释迦牟尼回来，因为过于思念释迦牟尼而病倒，并且对群臣说："我恐怕要忧思而终。"大臣们非常着急，于是请来佛弟子中"神通第一"的目犍连尊者运用神通力，带着工师上到忉利天亲睹圣容，然后用紫檀木雕刻成佛像，让优填王得以瞻仰，以解思念之苦。后来，释迦牟尼回到人间，这尊佛像居然也像真人一样出现在迎接的行列中。释迦牟尼看到这尊雕像后，就对大家说"我灭度后，这尊佛像就可以代替我在人间常驻，教化众生"，这就是第一尊原始佛像的由来。

　　玄奘对佛教造像十分喜爱，这尊据说是佛陀时代的造像让他似乎可以与佛陀对视，恍惚之间，玄奘似乎听到了佛陀的真言。之后，玄奘经过鞞索迦国，来到了室罗伐悉底国，即著名的舍卫国。舍卫国是释迦牟尼悟道之后居住得最久的地方，前后长达二十五年，因此留存下来了佛陀时代众多重要的遗迹，其中最著名的就是祇园精舍。

　　祇园精舍是佛教历史上最早的寺院之一，在它的营建过程中，还发生了一次激烈的教派之争，以至于在《西游记》中，也引用了这个故事的相关情节。祇园精舍的故事出自《贤愚经·须达起精舍缘品》，故事的主人公是印度舍卫国波斯匿王身边一位名叫须达的大臣。他家财万贯，乐善好施，常常救助孤寡老人和贫民，人们因此都尊称他为"给孤独长者"。他听说王舍城的大臣护弥有一个善良美丽的女儿，就准备了彩礼，前往王舍城为自己的小儿子求婚。

在护弥的家里，须达见到了云游到此的释迦牟尼，他聆听了佛法之后，被佛陀的智慧深深折服，就邀请佛陀光临舍卫城，为家乡的百姓说法。然而，佛陀和弟子们在舍卫城并没有可以居住的精舍，须达当即答应愿为佛陀建造精舍，佛陀便派遣他的弟子舍利弗随须达回到舍卫城，协助办理这件事。

须达看中了祇陀太子的花园，祇陀太子很喜欢这个园子，根本没打算卖，但是经不住须达的再三请求，便故意说，除非用黄金铺满整座园子，就把园子卖给须达，这就是《西游记》中金砖铺地的故事。须达变卖家产，用象队驮来黄金铺地，可惜只缺一小块金砖就能铺满整座园子。祇陀太子看到须达如此虔诚，就把园子卖给了他，并用园子里的树木供养佛陀，与须达一起建造精舍。婆罗门教徒牢度叉听说后，为了阻止佛教的传播，他们向波斯匿王请求允许与佛教徒斗法，谁赢了就拥有这座花园，国王同意了。

于是，婆罗门教徒牢度叉与佛陀的弟子舍利弗展开了激烈的斗法。牢度叉化作一座高山，舍利弗化为一位金刚力士，用金刚杵一下就击碎了高山；牢度叉化作毒龙，在海中兴风作浪，舍利弗化作金翅鸟王，几下就将毒龙啄死；牢度叉化作一头大水牛，向舍利弗猛冲而来，舍利弗化作一只雄狮，将水牛咬死；牢度叉化作一个大水池，水深似海，舍利弗化为六牙白象，用鼻子一下就把水池吸干；牢度叉化作夜叉恶鬼，舍利弗化作毗沙门天王，夜叉鬼惊恐逃走；牢度叉化作一棵参天大树，舍利弗化作风神，鼓动风袋，掀起狂风吹倒大树，席卷了牢度叉的阵营。牢度叉最后无计可施，只能甘拜下风，并且剃掉了头发，皈依了佛法。

在莫高窟，保存了大量的牢度叉与舍利弗斗法的场景，其中莫高窟第196窟晚唐时期绘制的主室西壁巨幅《牢度叉斗圣变》高3.65米，宽9.8米，面积为35.77平方米，是敦煌石窟现存同类经变画中面积最大，内容最丰富，绘画技艺最高的杰作。画面分为两个中心，左侧是经变画的主角之一牢度叉，他坐在一个华丽的须弥座上，四根柱子撑起高高的帷帐，用来遮阳挡雨。有人正搭着梯子，爬上帷帐，似乎正在修理，牢度叉的前方也有人拿着绳子，正要加固帷帐。须弥座的一旁有几位妇女，花花绿绿的衣袖和飘带都被大风吹了起来，表情十分惊恐。画面的另一侧是佛陀的弟子舍利弗，他坐在一个华贵的莲花座上，身穿着艳丽的山水袈裟，表情笃定，正安详地看着对面的牢度叉。莲花座的两旁是两棵大树，枝繁叶茂，树枝下面是一个精美的华盖，让坐在双树间的舍利弗似乎有了佛陀的既视感，从而形成画面的另外一个中心。从画面的整体布局来看，画师把须达到王舍城见到佛陀、须达和舍利弗寻找精舍地址、须达向太子祇陀讨买林园、须达用大象驮金、黄金铺地等情节，以连环画形式画在壁画的下边和两个上角。而把故事的高潮——斗法画在壁画的正中间，从而一下子突出了斗法的主题。

当你读完这个斗法的故事后，会不会觉得它与《西游记》中孙悟空和二郎神斗法的情节很像呢？没错，吴承恩正是因为受到了牢度叉斗圣变这类故事的启发，从而写出了孙悟空大闹天宫时与二郎神斗法的精彩情节。除此之外，师徒四人路过车迟国时，孙悟空用高深的法力战胜了车迟国的虎力、鹿力、羊力三大仙，暗指佛法战胜了其他教派。并且，这一回的题目就是《外道弄强欺正法，心猿显圣灭诸邪》，与牢度叉斗圣变的主题不谋而合，应该也是受到了牢度叉斗圣变的影响。

佛陀的故乡与九色鹿

离开祇园精舍之后，玄奘开始转向东南方，因为那里是玄奘一生最想要抵达的地方，佛陀的诞生地——迦毗罗卫国（唐代称劫比罗伐窣堵国）。

　　玄奘到达佛陀的故乡时，劫比罗伐窣堵国已经十分没落了，曾经的王城变成了一片废墟，荒草几乎淹没了地面上的建筑，悉达多太子的旧居变成了动物们的巢穴。面对眼前荒凉的一切，玄奘呆坐在残破的佛塔前面黯然神伤，不禁想起他记忆中佛陀的身世。佛陀原本是净饭王的太子，属刹帝利种姓，他的母亲摩耶夫人是邻国拘利族天臂国王之女。摩耶夫人因为梦到一头白色的大象而怀有身孕，按照印度的习俗，她在回娘家的途中，在蓝毗尼休息的时候生下悉达多太子。令人叹惋的是，摩耶夫人在分娩后七天去世，悉达多太子因此由姨母摩诃波阇波提抚养成人。他幼时受传统的婆罗门教育，二十九岁时有感于人世生、老、病、死各种苦恼，舍弃王族生活，自此出家修道。

　　玄奘摩挲着冰凉的石阶，陷入了对佛陀长久的怀念之中。玄奘本来打算多停留些时日，但时不时从草丛里爬出来的蛇提醒他此地不宜久留。于是，玄奘极为不舍地离开了佛陀的故乡，东行五百余里至蓝摩国。这里有一片大森林，是悉达多太子与车匿分别的地方。佛经中讲，悉达多想要出家，但并未得到父亲的允许，悉达多只好私自逃出王城。车匿是悉达多的马车夫，从小陪着他长大，悉达多出家不能带着车匿，所以就把身上的璎珞和坐骑白马都交给了车匿，让车匿回宫告知父亲自己的志愿。在邬城出土的很多石刻造像的背面，就出现了白马送别的场面，画面中白马依依不舍地亲吻悉达多太子的脚面，感人至深。

离开蓝摩国之后，玄奘忧伤的情绪达到了顶点，因为眼前就是拘尸那揭罗国娑罗林佛涅槃处。玄奘到那里时，娑罗树依旧挺拔，附近的寺院里雕刻着释迦牟尼涅槃时的形象。玄奘在中原已经见过不少涅槃的壁画，这次在娑罗林中见到，他双手合十跪在像前，内心久久不能平复。

玄奘走出娑罗林之后，就来到了婆罗疤（niè）斯国。这里有一处被誉为佛教四大圣地之一的鹿野苑，是佛陀悟道后第一次讲法的地方。鹿野苑是佛法的诞生地，玄奘此行就是为了求取佛法而来，因此对这里有十分独特的感情。他也学着最初的五位弟子一样跪坐在林中，似乎就能听到散布在虚空中的梵音。

之后，玄奘又经过了佛陀昔日是鹿王的时候救人的地方。这个故事非常著名，最精彩的壁画则保存在北魏时期开凿的莫高窟第257窟中。故事讲：在水草肥美、景色秀丽的恒河岸边，有一只九种毛色的鹿。一天，九色鹿正在恒河边悠闲地散步。突然，一阵急迫凄惨的呼救声从河里传来，一个人正被汹涌的激浪卷流而下。善良的九色鹿丝毫不顾自己的安危，蹚进河里把落水人救了出来。惊魂未定的落水人名叫调达，跪倒在地向鹿表示感谢，说道："我该如何才能报答您的恩情呢？"

"不，不必了。"九色鹿亲切地说，"我救你并不是为了求取回报，我只期望你不要向任何人透露我的行踪，让我独自在山中苦修。"

调达起誓说："恩人啊！请您放心。如果我背信弃义，就叫我浑身长满烂疮而死吧。"说完，就告别了九色鹿，走上了回家的路途。在城门口，调达看到了一张告示，原来国王的王妃有一天梦到了这只毛色九种的九色鹿。她醒来后，心里充满了在梦中不能占有九色鹿的无限的惆怅，央求国王说："我要用那灿烂耀目的美丽皮毛做我的垫褥，只有我这白皙细腻的皮肤和尊贵的身份才有资格得到这种享受。"

国王拗不过她，下令悬赏报告九色鹿行踪的人。俗话说"重赏之下必有勇夫"，巨大的财富勾起调达的贪欲，他向国王报告了九色鹿的行踪。

王妃激动不已，连夜催促国王领队去捉捕九色鹿。因为是夜里，九色鹿还在休息，乌鸦看到国王的卫队包围了整座山，急忙去通知九色鹿。但此时已经来不及了，九色鹿看见卫队前面的调达，便明白了事情的真相，它跳到国王面前说出了事情的经过。

国王非常惭愧，愤怒地斥责调达，并下令封山，不准任何人再捕捉九色鹿。此时的调达因为违背了先前的誓言，长满毒疮而死。

莫高窟第257窟鹿王本生图的构图方式十分独特，它既不同于印度的环形构图，也不同于龟兹壁画里的一组组菱形画面，而是呈现出连环画式的长卷式构图。故事的讲述方式不是中国传统的从左到右或从右到左的顺序排列，故事按照两头开始、中间结束的特殊顺序，将高潮"九色鹿和国王的对话"放在画面的中心位置，左侧从左到右是九色鹿救人、溺水者行礼、休息的九色鹿三个情节，右侧是国王与王后、溺水者告密、捕鹿途中和溺水者指鹿。

1981年，这个故事由中国上海美术电影制片厂制作成为美术动画片《九色鹿》，成为一代人的童年记忆。

维摩诘与阿育王

离开鹿野苑后，沿着恒河东行，经过战主国就来到了毗舍离国。佛教有一本影响力十分广泛的佛经叫《维摩诘经》，这里就是佛陀当年说《维摩诘经》的地方。玄奘看到了维摩大士现身说法的石室，残破不堪的圣迹让玄奘不胜感叹！

据《维摩诘经》所讲，维摩诘早已成佛，是妙喜世界的"金粟如来"。他为了教化世界众生，就化身成一位家有万贯、奴婢成群的居士，通过举行辩论会的方式来引导菩萨和弟子们修行。然而，他是佛教世界的最佳辩手，各位菩萨和弟子都辩论不过他，羞愧难当，所以对他避而不见。为了引导众生，他立刻想到办法，对外宣称自己生病了，等菩萨和弟子们来探望他的时候，他就在病床前给众人宣扬佛法。

中土的维摩诘信仰的兴盛最早源自于东晋时期，因为它自由洒脱、不受清规戒律的约束，非常符合当时士大夫们对个性解放的精神追求。到了盛唐，社会安定，物质生活水平有了极大的改善，人们感受着盛世的美好。但是，佛教严苛的戒律约束着人们的世俗生活，于是，无拘无束、率真自然的维摩诘形象获得了大众的关注，成为人们游离在沙门和尘世的绝妙途径。唐代著名诗人王维就将维摩诘视为心中的偶像，取字摩诘，号摩诘居士。

在维摩诘的生活方式受到人们的追捧的同时，他的形象也常常出现在佛教美术中，成为佛教题材的绘画中十分常见的内容。在敦煌壁画中，以莫高窟第103窟的维摩诘经变最为出彩。

维摩诘经变中出现的主角是维摩诘和文殊菩萨。故事讲：佛陀让弟子们去看望得病的维摩诘，众弟子因为都有被维摩诘驳斥得哑口无言的经历，因此不敢前去面对，只有文殊菩萨愿意去探望维摩诘。大家听说智慧第一的文殊菩萨要和维摩诘讨论佛法，纷纷前来围观这场精彩的辩论，渐渐地人越来越多。佛陀的弟子舍利弗心想维摩诘的家里肯定容纳不下这么多人，维摩诘知道了舍利弗的心思，便到须弥灯王处借来了三万两千个狮子座，邀请菩萨弟子就座。文殊菩萨智慧高深，即刻就坐了上去。其他弟子无法坐下，维摩诘便让众人拜狮子座，众人才坐了上去。

等众人坐定，佛教世界一场著名的辩论会就开始了。文殊菩萨和维摩诘是佛教中智慧的代表，他们之间的辩论内容很多，在这里就不详细讲述了。在辩论佛经的过程中，维摩诘的帷帐前有一位天女正在散花，花朵纷纷落在舍利弗身上，舍利弗用尽神力，也抖不掉花。

这时天女问舍利弗："为什么要去掉花呢？"

舍利弗答："这些花朵落在我的身上，不符合花落在地面上的规律。"

天女说："花本来就无所谓落地不落地，你却非要它落地，我看你才不遵循规律呢！"

画面中天女体态潇洒，舍利弗神态拘束、羞羞答答，与天女形象形成鲜明对比，这显然是天女故意戏弄舍利弗。号称"智慧第一"的舍利弗竟然被维摩诘的一个小天女所戏弄，从而衬托出维摩诘的智慧高深。

到了中午，听辩论会的众人腹中饥饿，维摩诘手一招，便有香积菩萨乘云而来，将钵中的香饭倒在了地上。这并不是随意浪费食物，佛钵像是一个压缩空间一样，香饭源源不断地从佛钵里倒出来，在地上堆积如山，众人闻到饭的香味就吃饱了。

菩萨和弟子们被维摩诘的智慧征服，因而对他所居住的妙喜世界非常好奇。于是，维摩诘伸出右手，妙喜世界就从手中化现了出来，那是一个没有痛苦、只有快乐的极乐净土。众人在向往这个世界的同时，也对维摩诘的神通法力深深叹服。

莫高窟第103窟维摩诘经变中的维摩诘位于画面的右侧，他正赤着脚坐在帷帐里，上身前倾，头戴着白色的纶巾，身披鹤氅（chǎng）裘，右手挥麈（zhǔ）尾，左手轻放在膝盖之上。纶巾就是用青丝带做成的头巾；鹤氅裘是由长得像仙鹤的一种水鸟的羽毛做成的外衣，是古代隐士的穿着风格，以表示超凡脱俗的气质；麈尾是古代文人的一种集扇子和拂尘于一体的配饰，摇动麈尾被当时的社会视为高雅而又时尚的事情。宋朝诗人苏轼在《念奴娇·赤壁怀古》中就对周瑜描写道："雄姿英发，羽扇纶巾，谈笑间，樯橹灰飞烟灭。"所以，拿着麈尾的维摩诘，就似赤壁之战时"羽扇纶巾"的周瑜和诸葛亮，他们都是智慧的化身。维摩诘的神态坚定而充满自信，深邃的眼神，微启的嘴唇，飘然的胡须，充分彰显出一位智者的形象。

维摩诘的前方有一位弟子和天女胁侍在一旁，天女张开双臂，正朝着对面的人群高谈阔论。门的左侧最前方也有一位引路的天女和弟子，这位弟子就是舍利弗。舍利弗的身旁是文殊菩萨，他正坐在佛座上与对面的维摩诘辩论。文殊菩萨的身后是五位佛弟子，他们似乎正在围绕着一个非常难的佛学问题讨论，面露难色。

维摩诘的下方是穿着各种奇装异服的外国人形象，一共是十位，他们作为维摩诘的支持者，正认真地听着维摩诘讲经。

文殊菩萨的下方绘制了众大臣簇拥着皇帝听法的图像，图中的皇帝身穿着象征皇权的衮（gǔn）服，头戴冕旒（liú），两侧由两位宦官搀扶着，皇帝的前后有大臣们引导和跟随。皇帝的身后，两个侍卫举着"仪仗扇"，体现出天子的威仪感。

除了文殊菩萨和维摩诘分布在门的两侧之外，门的顶部还绘制着一幅说法图，说法图的前方，有人举着华丽的伞盖来礼佛。在说法图的右侧，维摩诘手中出现了一团云气，云气中有众多菩萨，双手合十，正听佛陀讲法。

维摩诘经变以文殊菩萨与维摩诘辩论佛法的场景展开，整体布局类似于今天十分常见的辩论会现场，周边人物的姿态、眼神都向文殊菩萨和维摩诘集中，天然地形成了两个视觉中心点。画师十分聪明地利用了第103窟的门口，让文殊菩萨和维摩诘两人所带领的人物群像隔着门相互对望，原本被分割的人物呈现出很强的互动性，画面成为一个有机的整体。

离开石室后，玄奘南渡恒河，来到了摩揭陀国，这里曾经是阿育王的统治中心。阿育王是印度孔雀王朝的皇帝，统治几乎所

有的印度次大陆，被许多人视为印度最伟大的王。他一生的业绩
可以明显分成两个部分，前半生被称为"黑阿育王"时代，主要是
经过奋斗坐稳王位和通过武力基本统一了印度。因为崇尚武力，
历史上记载的阿育王十分残暴，一如中国典籍记载的商纣王。据
传他为了惩治拂逆自己的臣民，曾经修建了一个人造地狱，地狱
中刀山剑树、血池油锅等样样齐全。在当时，人民在阿育王严苛的
刑罚下苦不堪言，后来有一位罗汉乘坐着莲花出现在油锅里，才
感化了暴戾的阿育王。阿育王痛改前非，下令拆除这座地狱，从
此皈依三宝，进入了弘扬佛教的"白阿育王"时代。

　　阿育王在统一战争结束之后，定佛教为国教，将他的诏令和
"正法"的精神刻在崖壁和石柱上，成为著名的阿育王摩崖法敕和
阿育王石柱法敕。阿育王向佛教僧团捐赠了大量的财产和土地，
还在全国各地兴建佛教建筑，据说总共兴建了84000座奉祀佛骨的
佛舍利塔。玄奘一路走来看到的佛塔大多数就是阿育王时代兴建
的。为了消除佛教不同教派的争议，阿育王邀请著名高僧目犍连
子帝须长老召集1000比丘，在华氏城举行大结集，这是佛教史上
著名的第三次大结集。因此，阿育王时代是佛教走出印度，迈向
世界性宗教的开始。

　　阿育王在晚年时病痛缠身，临终前想把所有的珍宝全部布施
给寺院，但那时权臣掌政，虚弱的阿育王无可奈何。英雄最怕迟暮，

曾经指挥上万象兵冲杀疆场的阿育王，此刻只能捂着自己的伤口呻吟。他环顾四周，自己能布施的东西就只剩下刚刚吃剩的半个阿摩洛迦果，于是就派人送到寺院去供养僧众。玄奘抵达屈吒阿滥摩寺，看到了那半个阿摩洛迦果的果核，不禁慨叹起世事的变化无常。

之后，玄奘向南行百余里到了菩提伽耶，巡礼了菩提圣树。悉达多当年在菩提树下顿悟成佛，玄奘想到自己如今还没有顿悟，印度佛教也如枯叶一样凋零，顿时悲从中来，在树下放声大哭。玄奘决定在菩提树下坐禅，在体悟悉达多顿悟的过程时，四位高僧的到来打断了他的修行。

第十章　那烂陀寺的留学僧

抵达那烂陀寺

玄奘在菩提树下打坐的时候，那烂陀寺的戒贤法师已经知道了玄奘前来印度学习的目的，就派遣了四位高僧前去迎接玄奘。这样的待遇让玄奘喜出望外，他知道戒贤法师是印度最智慧的高僧，有他的帮助，自己取经的目标指日可待。

玄奘跟着四位高僧来到附近的村庄歇脚，刚刚吃完午饭，就有两百位高僧组成的仪仗队，吹吹打打地迎接玄奘前往那烂陀寺。到了寺中后，寺主选派了二十位学识渊博的中年僧人，陪同玄奘参见戒贤法师。戒贤法师问玄奘来自哪里，玄奘合掌恭敬地回答说："从东土大唐而来。"

令玄奘没有想到的是，戒贤法师听了他的回答之后，顿时热泪盈眶，泣不成声。因为过于激动而不能言语，戒贤法师就请弟子觉贤说出因缘："正法藏（印度对戒贤法师的尊称）原来患有风湿病，每当发作时，手脚关节像火烧刀割一样的痛苦，至今已经有了二十多年。而在三年前，正法藏的病情突然加重，痛到不能忍受，以至于生出绝食自杀的念头。没想到当夜他梦见了文殊菩萨、弥勒菩萨和观音菩萨，文殊菩萨对他说：'你之所以今世遭受这样的痛苦，是因为在过去世中曾经当过国王，昏庸的政策使人民遭受了许多痛苦，所以才会受到这样的苦报。如今你只知道厌世自杀，苦报就不会了结的。现在，你有一个机会，三年后将有一位大唐僧人前来拜你为师，你可以安心在这里等着教他，你的病痛就会消失的。'正法藏醒来之后，原来是南柯一梦。但是，梦境中的事似乎是真实的，因为梦醒之后正法藏的病就慢慢好起来了，乃至痊愈。自此之后，正法藏就一直等待着东土来的僧人。"

这时，戒贤法师问玄奘从东土到那烂陀寺用了几年，玄奘说三年，这正与梦完全吻合。戒贤法师确认了玄奘就是他要等的人，玄奘在那烂陀寺的留学生活就要开始了。然而，玄奘并没有立刻办入学手续，因为跋涉上万里才来到佛教的故乡，他打算先巡礼完附近的佛教圣地，然后收心回到课堂上学习。

玄奘先去了佛教的发祥地王舍城，并攀登了佛陀过去讲法的主要道场灵鹫山，游历了佛陀制订戒律的迦兰陀竹园、佛教第一次结集的石窟、戒日王正在营建的白石精舍、满胄王建造的铜立大佛和埋雁塔，然后心满意足地返回了那烂陀寺。

在玄奘正式入学之前，我们先了解一下这座寺院。那烂陀寺规模十分庞大，根据史料和考古发掘的考证，常住在那烂陀寺的僧人有上万人，是古印度最大的佛教寺院，也是佛教的最高学府。这里佛教的各类学科齐全，不但修学大乘法门及十八部，就连外道典籍的吠陀、因明、声明、医方、术数等也都在研究的范围，可以称得上是综合类全日制佛教大学。为了建立印度佛教的学术高峰，各国国王常常给寺院布施，发达的寺院经济为就学的僧人提供了资金保障，使学僧们可以不必托钵求供，专心于学业上。经过上百年的积淀，那烂陀寺组建了强大的师资队伍，根据相关史料记载，寺院里全盘深解经论二十部的在千人以上；三十部的有五百多人；五十部的有十人；而戒贤法师则穷览一切，是佛学宗师。深厚的学术素养培养了一批批的优秀学子，也孕育出良好的学风，寺内的僧人都能严守佛门清规，创造了建寺七百年来无一人犯戒的纪录！

正是因为高超的学术水平，让那烂陀寺声名远播，成为全印度所有僧人都梦想进入的学府，每年从四面八方前来求学的僧人络绎不绝。虽然寺院规模十分宏大，但却满足不了天下僧人的愿望。所以，那烂陀寺设计了严苛的招生制度。寺院规定，如果想要进入寺内学习，必须在山门前经过高僧的面试，而面试的方式是和那烂陀寺的僧人进行论辩口试。在严格的选拔制度下，凡是进入那烂陀寺的僧人都有相当的学识，这从根本上保证了寺院人才储备，塑造了那烂陀寺良好的口碑。

因为戒贤法师的关系，玄奘不用经过山门的考试，因为他的水平早已超越那烂陀寺的绝大多数人。在玄奘来到之前，寺院里全盘深解经论五十部的只有九个人，玄奘入学之后成为第十个人。作为戒贤法师的关门弟子，玄奘在那烂陀寺的待遇是所有留学僧中最好的。他的宿舍最先被安排到觉贤大师的旁边，后来又被安置到护法菩萨北面的上房里。这里是戒贤法师的老师曾经住过的地方，由此可见对玄奘的重视。

当然，玄奘的伙食也是最好的，《大慈恩寺三藏法师传》中有一份玄奘的伙食清单：瞻步罗果一百二十枚 ①，槟榔子二十颗，豆蔻二十颗，龙脑香一两，供"大人米"一升，月给油三升，酥乳等均随日取足。从菜单上可以看出，玄奘的食物不仅多样而且充足，这是平常僧人难以想象的待遇。

除此之外，为了能让玄奘把所有的精力都放在学习上，寺院安排了净信居士一人和一位婆罗门负责玄奘的饮食起居，玄奘完

---

① 瞻步罗果：印度一种透明的水果，叶子似小枣，开白色小花，果实如胡桃，味酸甜，可入药。

全可以享受"衣来伸手饭来张口"的生活。为了体现"知行合一"，寺院里常常会组织大扫除等劳动，这方面的义务也被寺院免除了，玄奘只要一心学习就好。玄奘喜欢寻访圣迹，寺院还考虑到了出行的问题，特意安排了一头白象当作玄奘的坐骑。像这样的优遇，在那烂陀寺主客僧一万人中，连玄奘在内一共也只有十人而已。

办好入学手续之后，玄奘就开始上课了。戒贤法师已经一百多岁了，出于体力不支的原因，在玄奘到来之前，他早就不讲经了。这一次，为了玄奘，他打算再讲最后一次经。他问玄奘想听什么经，玄奘恭请讲授《瑜伽师地论》。这是一部内容十分丰富的佛经，戒贤法师共讲了十五个月才讲完一遍。

玄奘在那烂陀寺学习了五年的时间，除了学习佛教的经典之外，还学习了印度其他教派的理论典籍，放在中国的春秋时代，算是学遍诸子百家的人物了。与此同时，那烂陀寺有专业的梵文老师，玄奘的梵文得到了进一步精进，这让他研习起佛经来更加得心应手。玄奘原本的学习速度就十分惊人，随着梵文功底的进步，其他同龄的僧人已经望尘莫及了。

如果说那烂陀寺是印度佛教徒学习的海洋的话，此时的它已经装不下玄奘这只"贪吃"的大鲲了。玄奘知道，在印刷术极不发达的印度，还有很多重要的典籍散布在各处的佛寺，也有很多高僧隐居在无人问津的山林里，只有访遍天下宗师，才能给这次取

经之旅交上一张完美的答卷。于是，三十六岁的玄奘辞别了戒贤
法师，开始继续南游印度各国。

巡游南印度

玄奘首先来到了伊烂拿钵伐多国，在著名的鸽寺（迦布德迦伽
蓝）里礼拜观世音菩萨圣像，并在高僧怛他揭多毱多和羼底僧诃处
学习了一年。之后，玄奘经过了中印度和东印度的瞻波国、羯朱嗢
祇罗国、奔那伐弹那国、羯罗拿苏伐剌那国、三摩呾吒国、室利差
呾国、耽摩栗底国、乌荼国、恭御陀国、羯饺伽国、南憍萨罗国、
案达罗国、驮那羯磔迦国、珠利耶国等。

玄奘本来打算渡海前往法显曾经去过的狮子国（今斯里兰卡），
从南印度海口出发，仅仅需要三天的时间就能抵达。然而，等玄
奘来到建志城的时候，正好遇上狮子国的高僧菩提迷祇湿伐罗，
他和狮子国的三百余名僧人正从狮子国逃出来，打算前往印度的
寺院谋生。玄奘一打听，才知道狮子国的国王死后，国内爆发了
内乱，所以僧人们才逃出海岛，来到印度避难。

前往狮子国的计划泡汤了，玄奘就和菩提迷祇湿伐罗等人结
伴而行，开始北归。途中经过了恭建那补罗国、摩诃剌侘国、跋禄
羯呫婆国、摩腊婆国、阿吒厘国、契吒国、伐腊毗国、苏剌侘国、

瞿折罗国、邬阇衍那国、掷枳陀国、摩醯湿伐罗补罗国、阿点婆翅罗国、狼揭罗国、臂多势罗国、阿軬荼国、信度国、钵伐多国。钵伐多国是玄奘从那烂陀寺南游以来的最后一站，他在这里停留了两年，跟随高僧学习了正量部的相关经典。两年的学习时光转瞬即逝，玄奘知道自己已经离开大唐十年了，是到了回去的时候了。于是，玄奘决定前往那烂陀寺向老师告别，然后收拾行李准备回国。

贞观十二年（638），时年三十九岁的玄奘返回了母校那烂陀寺。一别四年，他首先去看了一下戒贤法师，恩师虽然已经一百多岁了，但身体状况基本良好，这让玄奘安心很多。在那烂陀寺，玄奘听说杖林山有位知识十分渊博的胜军法师，他与戒贤法师齐名，戒日王曾多次邀请他担任国师，都被他断然拒绝。好学的玄奘十分珍惜在印度的时光，既然那烂陀寺距离胜军法师居住的地方如此之近，玄奘自然不会错过。因此，玄奘暂时搁置了回国的想法，前往杖林山向胜军法师求学。

胜军法师果然不负盛名，玄奘跟随其学习前后长达两年的时间，直到有一次梦见一场大火，玄奘才辞别了在印度遇见的最后一位恩师。

那是一个十分平常的夜晚，玄奘梦见那烂陀寺的院门外一片火海，村落全部化为灰烬，有一位全身散发着金光的人告诉他说：

"你赶快回国，十年后戒日王驾崩，印度会再次陷入乱世，盗贼四起，形同人间地狱。"金人说完这句话就不见了。玄奘惊醒后，把梦境告诉了胜军法师，胜军法师知道是菩萨的指引，就建议玄奘尽早启程。

玄奘十分不舍地离开了杖林山，他不希望自己梦境中的预言应验，因为国家的灾难一定也会波及自己在印度认识的师友们。然而，客观事实不会因为玄奘的意志而转移，十年后，戒日王被权臣杀害，印度果然陷入内乱之中。幸运的是，当时玄奘并不在印度，而这场暴乱却被另外一个在印度的唐人平定，我们将在后面说到他的故事。

那烂陀寺最佳辩手

玄奘与胜军法师分别之后，再次回到那烂陀寺准备返程。到了寺院时，戒贤法师给玄奘安排了一个紧急任务，让他为大众宣讲《摄大乘论》和《唯识抉择论》，这本来是恩师要宣讲的，但年过百岁的戒贤法师已经没有体力讲经了，所以只能托付最信任的玄奘。然而，玄奘此时的身份仅仅是个留学僧，却已经可以用"教授"的身份在印度最高学府开课，这是中国留学僧历史上的奇迹。

起初，因为同时段有好几位那烂陀寺"教授"级别的高僧开课，玄奘虽然深受戒贤法师的赏识，但他一直以来十分低调，所以前来听讲的人并不多。但当僧人们听了玄奘的经论之后，无一不赞叹玄奘的智慧，那烂陀寺的僧人们听闻后纷至沓来，其他高僧的教室则变得空空荡荡。诚然，在七世纪，玄奘是当时最受学生喜爱的老师之一，因为这位全身装满故事和智慧的唐朝僧人，没有人能抗拒他的魅力。

玄奘正在那烂陀寺开课时，戒贤法师收到了一封戒日王的信，信中说："我经过乌荼国，遇上一些小乘教派的僧人，他们写了书诽谤大乘，还叫嚣着要和您辩论。我读了《破大乘论》之后，发现这本书的思想十分危险，害人不浅，因此很有必要教训他们一下。我知道那烂陀寺有无数高僧，您可以选派四位兼通多家教义的高僧，前来我乌荼国的行宫。"

佛教在大的派系上分为大乘和小乘，在当时的印度，有一位名叫般若毱多的帝师，他被认为是小乘佛教的戒贤法师。小乘和大乘之间理论不和，因此常常相互驳斥彼此的教义。这次，小乘发起了挑战，代表大乘的那烂陀寺不能不接。

戒贤法师挑选了四位高僧当作这次辩论赛的代表，玄奘就是其中之一。面对与恩师齐名的般若毱多，其他三位高僧未战先怯，只有玄奘毫不畏惧，他勉励众人说："小乘的经典我已经在取经来的路上学遍了，所以各位不用忧虑。最后即使我输了辩论，也是唐朝的僧人输给了印度僧人，对那烂陀寺声誉不会有丝毫影响。"

经玄奘这么一说，众僧顿时放宽了心，就在他们紧锣密鼓地准备行装时，戒日王的另一封信寄到了那烂陀寺。原来，不知是什么缘由，戒日王暂时停止了这场辩论，玄奘和戒日王的相遇再次延后了。

虽然玄奘没能参加乌荼国的辩论，但那烂陀寺却迎来了新的挑战。有一位顺世外道的婆罗门在寺院的门口张贴了四十条论点，并扬言说："如果有人能驳倒其中的一条，我就以头谢罪。"

那烂陀寺是印度佛教的最高学府，有戒贤法师坐镇，前来挑战的外道就绝不是沽名钓誉之辈，而是经过精心准备的。果然，这位婆罗门蹲守在寺院门口好几天，都没有人出来应战。接下来，就要轮到那烂陀寺的"救火队员"玄奘登场了。

这一次，玄奘不再秉持中原礼仪之邦的谦和，而是采取了一种十分嚣张的姿态。玄奘让自己的侍者把论义撕下来，并用脚使劲踩踏，婆罗门怒不可遏，揪住衣领问他是谁。当婆罗门知道这位是玄奘的侍者后，他已经心生怯意，因为这次的赌注可是自己的头颅，玄奘的大名他已经听闻过，他不能保证自己能赢过玄奘。但此时，玄奘已经现身，答应和他辩论，并请了戒贤法师和那烂陀寺的高僧当裁判。辩论很快见了分晓，婆罗门根本不是玄奘的对手，只好认输说："既然你赢了，那就按照赌约拿走我的头吧！"

玄奘赶忙上前阻止说："且慢，我想问您一个问题，您回答之后，再割头不迟。"

婆罗门不解玄奘的意思，以为玄奘要继续提出一些难以回答的问题，好羞辱自己这个失败者。玄奘说："我想问您，如果砍下你的头颅当作我的战利品，这颗头颅有什么用呢？"

婆罗门一愣神，却也发现自己的头对玄奘确实毫无用处。

看着婆罗门陷入苦思，玄奘说："既然这颗头颅已经属于我，我想最好的用处是把它继续留在你的脖子上，只有这样，我所获得的就不仅仅是一颗腐烂发臭的头颅，而是一个完完整整的人。"

听这么一说，婆罗门被玄奘的智慧和慈悲深深地打动了，从此甘愿作为玄奘的侍者。令玄奘感到意外的是，这个婆罗门对般若毱多的《破大乘论》十分了解，玄奘正在准备与小乘佛家辩论的论据，婆罗门成为玄奘最好的助力。在婆罗门的帮助下，玄奘深解了般若毱多的理论，写出了《破恶见论》，对于戒日王的邀请更具信心了。婆罗门讲完《破大乘论》之后就离开了那烂陀寺，云游四方的他四处宣扬玄奘的智慧和德行，致使另一外印度的国王对玄奘产生了好奇之心。

戒日王与鸠摩罗王

　　如果不是政务的牵绊，戒日王会和玄奘早早开出友谊之花。而迦摩缕波国的鸠摩罗王捷足先登，派遣信使已经在前来那烂陀寺的路上了。玄奘并不能预测这封即将改变自己命运的信，眼前他正在准备回国的行装。离开大唐已逾十三年之久，在异国他乡久了，他越发地想念大唐，虽然此时他还是朝廷的通缉犯，但浓浓的乡愁让他不断想起长安城的月亮。

　　玄奘在那烂陀寺的这几年，与寺里的高僧结成了深厚的友谊，他们都舍不得玄奘离开，因此纷纷前来劝阻。有的朋友为了留下玄奘，甚至以"印度是佛陀的降生之地，大唐是三世诸佛都不选择降生的秽土"为理由劝说，玄奘虽然被唐廷通缉，但这句话顿时激起了他的爱国心。他向众人说："我此番取经的最终目的地不是那烂陀寺，而是我的故国，如果不是为了故乡之人，我何必冒着生命危险跋涉万里来到这里呢？"

　　朋友们见说不动玄奘，只好请戒贤法师出面。戒贤法师把自己的毕生所学都教给了玄奘，他对玄奘的感情胜过父子之情。也正因如此，他深知玄奘的心思，虽然自己也舍不得玄奘，但也知道玄奘回到东土会发挥出更大的作用来，所以他成为那烂陀寺唯

——一个支持玄奘回国的人。

说完支持的话，戒贤法师心里空落落的，他落寞地回到了自己的禅房。看着老师苍老的背影，玄奘泪流满面。

两天后，戒贤法师收到了鸠摩罗王邀请玄奘的信，这让他更加忧虑。鸠摩罗王是实力仅次于戒日王的印度国王，此前玄奘已经成为戒日王辩经的候选人，两位国王争夺玄奘，这让戒贤法师十分为难，一旦处理不当，那烂陀寺将要承受国王的怒火。既然此时玄奘准备回国，戒贤法师只好用这个理由拒绝了鸠摩罗王的邀请。

然而，作为一国的君主，那烂陀寺竟然拒绝了他的邀请，这让鸠摩罗王怒火中烧，在第二次邀请再次被拒之后，他写了一封威胁满满的信，信中说："我本来就是俗人，不知道佛教的那些众生平等的大道理，自从听到玄奘的名字以后，想要见他的欲望就一天天疯长。然而，您却一再阻挠，使我不能达成我的心愿。如今我命大臣再来迎请，如果仍然被拒绝，我也不是什么好人，到时候必将带上我国的象军，踏平那烂陀寺。如果您认为我没有这个能力，那咱们就拭目以待。"

戒贤法师知道拖不下去了，玄奘为了母校那烂陀寺的安危，就告别了那烂陀寺的师友们，带着行李跟随使者去见鸠摩罗王。

玄奘读过那封透着寒光的信，因此对这次充满无数未知的会晤惴惴不安。然而，令玄奘决然没有想到的是，他与鸠摩罗王的见面十分和谐。国王率领着身份显赫的王公大臣在王城外迎接玄奘，礼仪之隆重堪比新王的登基。玄奘在迦摩缕波国停留了一月有余，在他的努力下，原本不信佛教的国人被玄奘的思想折服，纷纷皈依了佛门。就在玄奘疲于应付鸠摩罗王的宴请时，一场为他而起的战争正在酝酿之中。

原来，此时的戒日王征讨恭御陀国回来，当他正要邀请玄奘前来时，听说玄奘已经被鸠摩罗王请去了。得到消息的戒日王火冒三丈，立刻派使者去迦摩缕波国，要求鸠摩罗王将玄奘送回。经过这些时日的相处，鸠摩罗王已经成为玄奘的忠实粉丝，他当然不能交出玄奘，就对使者说："要我的头可以，想要玄奘法师，想都别想！"

戒日王刚刚得胜回来，他没想到鸠摩罗王竟然敢如此轻视自己，就再次派使者回信说："你说要头可以，那么现在就把头交给我的使者带回给我吧。"此时的鸠摩罗王已经从激动的情绪中平复下来，他知道自己不是戒日王的对手，只好带领两万象军和三万条船与戒日王会面，以求和平解决此事。在世界历史上，除了此前苻坚为了得到道安和鸠摩罗什而发动的战争之外，玄奘是又一位引动印度两位实力强横的国王举倾国之力相争的僧人。

戒日王和鸠摩罗王都是为玄奘而举兵，在玄奘的调和下，他们化干戈为玉帛，关系反而更加亲密。戒日王深知玄奘的智慧，因此提议在曲女城举办无遮大会，由玄奘担任论主，通令全印度的沙门、婆罗门和外道，都前来辩论经典。鸠摩罗王十分赞赏戒日王的提议，两位决定合作举办这次盛会，并邀请五印度的诸王都来参加。于是，玄奘的高光时刻 —— 曲女城无遮大会就要开始了。

第十一章　高原丝绸之路的开辟

《秦王破阵乐》

在无遮大会开始之前，戒日王整日陪着玄奘聊天，他们在聊天中谈到了一件小事，后来，这件事引发了一系列的事件，以至于在多年后左右了印度历史的走向。

原来，以军功卓著闻名的戒日王不仅仅是印度最伟大的军事家，还是一位诗人和剧作家，他创作的《龙喜记》《璎珞记》《钟情记》是印度历史上流传很广的剧本。可以说，他是印度古典文化的集大成者。戒日王之所以和玄奘如此投缘，除了玄奘高深的智慧之外，玄奘不俗的文学造诣也是吸引他的重要原因。诚然，作为中国历史上最伟大的翻译家之一，深厚的文学功底是基础要求，我们从玄奘后来翻译出来的佛经就可以窥见他的水平。因此，戒日王与玄奘一见如故，玄奘很快成为戒日王的文友。文友见面，一定是要聊聊文学的，戒日王对唐朝的文学作品早有耳闻，他最喜欢的就是《秦王破阵乐》。

《秦王破阵乐》是唐代著名的歌舞大曲，是唐初流传最广的军歌，它产生于隋末唐初的乱世之中。秦王李世民是唐初平定天下的主要将领，公元620年，他打败了叛军刘武周，众将士们在欢庆胜利的时候，以旧曲填入新词，用来歌颂李世民的功绩。李世民登基后，亲自把这首乐曲编成了舞蹈，再经过宫廷艺术家的加工、整理，成了一个庞大的、富丽堂皇的大型乐舞。在《秦王破阵乐》的编创中，艺术家加入了健舞风格的凉州舞乐和龟兹舞乐，并糅合了军舞的雄浑气势，是唐代各类乐舞的结晶。公元633年，李世民绘制了《破阵乐图》，令李百药、虞世南、褚亮、魏徵等制歌词，并令音乐家、太常丞吕才加工编制音乐和依照舞图排练，最终创作出流传后世的《破阵乐》。

因为李世民的个人魅力，《秦王破阵乐》很快在各地流传开来，以至于远在印度的戒日王都有所耳闻。作为战功赫赫的君主，戒日王从《秦王破阵乐》中听出了一位君王一匡天下的气势，那种排山倒海的气息让戒日王血脉偾张。他对乐曲中赞扬的秦王十分仰慕，因此向玄奘询问这个人的身份。

从个人情感上，玄奘是不喜欢李世民的，因为李世民尊奉的是道教，在贞观之治里，佛教徒的日子并不好过。同时，玄奘此时的身份是李世民追捕的逃犯，正是因为李世民的原因，玄奘不得不逃出长安城。虽然李世民间接给玄奘制造了很多磨难，但在玄奘的心中，李世民的文治武功无可挑剔，玄奘西行的路上见过很多君王，没有哪一位能比得上李世民，就算是眼前的戒日王，也有很大的差距。玄奘如实地为戒日王介绍了这位唐朝的君主，戒日王听了李世民的事迹之后，对其更加仰慕，因此当即派遣使者前往长安展开外交活动。

玄奘从长安来到印度用了三年，戒日王想要和李世民成为笔友的心情十分急迫，他绝对不想用六年的时间等待一封偶像的来信，那种等待的滋味如同经历炼狱之苦。幸运的是，此时的戒日王已经知道了一条捷径，从印度前往长安，只需要半年的时间，这是玄奘取经之路所用时间的六分之一，大大缩短了印度和唐朝沟通的时间。

那么，这条快捷的"高速公路"究竟在哪里？它又是怎样被发现的呢？

高原丝绸之路与吐蕃的崛起

要讲清楚这件事，我们还要从文成公主入藏的故事讲起。七世纪是亚洲大陆上大国崛起的时代，除了大唐、印度和前面讲到过的阿拉伯帝国之外，青藏高原上也崛起了一个强大的政权，那就是吐蕃王朝。

公元617年，李渊父子从晋阳起兵的时候，高原上刚刚诞下一个男婴，这个孩子就是后来的松赞干布。他出生的历史背景十分特殊，这个时期正处于隋唐王朝的交替阶段，唐王朝逐渐从混战中崛起，即将成为中国历史上最灿烂的王朝。与此同时，吐蕃人也在雪域上强大起来，建立起第一个统一青藏高原的王朝，成为与唐比肩的大国，这一切都从松赞干布出生的617年开始孕育。

松赞干布的父亲是囊日松赞，他是天生的战士，带领吐蕃人占领比邻的苏毗之地，让吐蕃的实力空前增强。百姓们尊称他为"赞普"，意为雄强之丈夫，从此，"赞普"成为吐蕃最高统治者的尊号。玄奘参观佛影窟的那一年（629），囊日松赞被人设计毒害而死，十二岁的松赞干布在内忧外困中登上赞普之位。玄奘在那烂陀寺学习的第一年（632），松赞干布率兵平叛，吐蕃再一次获得统一，将首都迁到逻些（今拉萨）。之后，松赞干布为了统一西藏，决定与西边的邻国泥婆罗（今尼泊尔）和东边的大唐结盟，并选择了当时最常见的外交方式——求亲。玄奘结束旅行再次回到那烂陀寺时（638），吐蕃向泥婆罗和大唐求亲，在禄东赞的谋划下，泥婆罗国国王把尺尊公主嫁给了松赞干布。泥婆罗位于印度和吐蕃的中间，自此之后，吐蕃打开了前往印度的通道。

然而，令松赞干布失望的是，另一队使者并没有完成向大唐求亲的任务，因为李世民并没有看上松赞干布。松赞干布为了当上李世民的女婿，决定亮一亮自己的实力，所以派大军驻扎在松州（四川省阿坝藏族羌族自治州松潘县），企图吞下玄奘二哥陈素所在的益州。李世民没想到这个二十来岁的年轻人竟敢挑战自己，作为曾经的天策上将，他很有必要给后辈上一堂生动的军事课。于是，李世民派遣自己的老搭档侯君集征讨吐蕃。然而，侯君集的大军还未到达松州，瓦岗寨出身的先锋大将牛进达就击退了吐蕃大军。李世民很照顾没仗可打的侯君集，在松州之战结束后，他马上调侯君集前往西北，去教训玄奘的结拜大哥麹文泰，麹文泰就在不久后逝世。松州之战让松赞干布对李世民心服口服，他马上派遣职业媒人禄东赞带着厚礼前往长安谢罪，并再次提出求亲。

北京故宫博物院保存着一幅《步辇图》，被称为"中国十大传世名画"之一，现存的画作是宋朝时期的临摹作品。这幅画原来的作者是唐代著名画家阎立本，他在朝廷中的岗位类似于现在国家新闻中心的专业记者，主要负责用画笔记录国家领导人李世民的日常。《步辇图》画的是唐代历史上非常重要的新闻事件，640年，禄东赞率领的迎亲使团携带聘礼抵达长安，李世民接见吐蕃使者的时候，就让阎立本画下了中国历史上的这一重要时刻。

画面的右侧是李世民，也是全图的焦点。画面中有九位宫女簇拥在李世民的四周，形成拱卫烘托的气势，点出了画面的中心，她们有的抬辇，有的扶辇，有的执扇，有的撑伞，正抬着李世民徐徐向前，呈现出一种沉稳的动感。这些宫女们身形消瘦，但姿态万千，营造出唐代休闲且开放的宫廷生活。阎立本刻意画了九位宫女，以强调天子"九五之尊"的地位。李世民身着常服，正盘腿坐在步辇上，面目俊朗，目光深邃，神情庄重，充分展露出盛唐一代明君的风范与威仪。娇弱的宫女们衬托出了天子的雄姿，坐姿闲散却不失威严，正冷静地注视着前方的使者。画面的左侧有三个人恭敬地站在李世民的前方，前面戴着幞（fú）头穿着红色圆领长袍的人是朝中的典礼官，他的身体向前倾斜，手中拿着引见的笏板，正要介绍吐蕃使者；第二位就是这幅画的另外一个主角禄东赞，他身上穿着独特的团花长袍，正拱手向李世民致意，表情十分拘谨；第三位穿着白衣的人是随行的翻译，正站在禄东赞的左侧。画家特别注重用对比表达情绪，通过左右对比，尤其是译官谨小慎微、诚惶诚恐和仕女们神情自若、仪态万方的表情形成鲜明的对比，突出天子的从容与尊贵。

《步辇图》中的禄东赞姿态谦卑，满脸皱纹，面露苦涩，表现出了一个战败国使者常见的形象。很显然，这是阎立本作为"唐朝记者"的宣传倾向。然而，历史上的禄东赞才智超群，与李世民对话时不卑不亢，显示出的是一国使臣的骨气，令李世民另眼相看。李世民原本可以再次拒绝吐蕃的求亲，但这一次他答应了松赞干布的请求，因为他已经从禄东赞的眼睛里看到了吐蕃崛起的势不可挡。

吐蕃虽然在松州之战中被唐军击败，但这只是唐军的阶段性胜利，根本无法动摇吐蕃的国力。此时的吐蕃正迎来国家发展的上升期，更何况吐蕃拥有松赞干布这样的明君和禄东赞这样的贤臣，未来的实力不容小觑。另外，吐蕃占有十分有利的地形，在氧气罐和羽绒服还没有被发明出来的唐朝，常年居住在中原地区的唐军一旦深入青藏地区，不用与吐蕃军队作战，高原反应就能要了汉地军人的性命。即使倾全国之力占领青藏地区，在没有青藏铁路的现实条件下，唐朝将付出巨大的战争成本和管理成本，如此遥远且环境恶劣的国土是很难守住的。因此，一贯崇尚和平外交政策的唐王朝完全没有必要惹上一个拥有强大潜力的对手。经过一番深思熟虑，李世民决定同意与吐蕃和亲。

李世民的眼光无疑是十分睿智的，他预见了吐蕃的崛起。但因为人不能超越他所生存的时代，李世民绝想不到这个女婿之国将在未来成为大唐最强劲的对手。后来，《步辇图》里出现的禄东赞灭掉了弘化公主出嫁的吐谷浑国，吐蕃统一了整个青藏高原，大唐边境岌岌可危。再后来，随着安史之乱的爆发，大唐的西部边境空虚，吐蕃攻占了西域和河西走廊，实力达到前所未有的顶峰，大唐则在藩镇割据的乱局中逐渐衰落。然而，回过头来看，我们还是要对这位千古一帝的选择发出赞叹，正是李世民将公主嫁给了吐蕃，吐蕃族与汉族自此血脉相连，从而奠定了此后中国的地理格局和中华民族的形成。

李世民选择的和亲人选是文成公主，关于她的身份，史学界莫衷一是。有人说文成公主出生于任城（今山东省济宁市任城区），而李世民的堂弟李道宗就当过任城王，因此，人们怀疑她是李道宗的女儿。后来，护送文成公主入藏的就是李道宗，他不仅是文成公主的父亲，同时也是平定吐谷浑的主将，对旧战场的地理十分熟悉，由他担任主婚人，是最合适不过的。

文成公主与松赞干布的和亲标志着大唐和吐蕃的邦交关系走向亲密期，松赞干布用两位妻子打通了东去西往的道路。这条路从长安城出发，沿着关中平原一直东进，翻越陇山后抵达陇西李氏的祖地秦州，之后从河州渡过黄河。黄河之外是吐谷浑的地界，沿着湟水河谷一路向西北而去，接着翻越赤岭和日月山，就来到了青海湖畔的吐谷浑王城，短暂休整适应了高原反应之后，走过黄河源头扎陵湖畔，就到了吐蕃境内。青藏高原虽然海拔很高，但山脉之间的河谷是理想的通道，古人沿着相对湿润的谷地向东南而行，就可抵达都城逻些。逻些与印度仅仅一山之隔，从逻些出发，经过尺尊公主的故国泥婆罗和佛陀的故乡迦毗罗卫国，就可以抵达戒日王统治的恒河下游。

在古代，这是一条理想的道路，张骞当年在大月氏的市场上看到来自蜀地的蜀布和竹杖，就梦想着打通这条道路。数百年之后，这条路就在玄奘与戒日王相遇的那一年正式开通，将玄奘取经、中印外交、文成公主入藏、侯君集西征等重大事件全部串联了起来。在阿拉伯帝国和吐蕃王朝还未崛起之前，印度和唐朝是亚洲大陆上最强大的两极，而把这两极连接起来的人就是玄奘。

曲女城无遮大会

戒日王为了尽快收到李世民的来信，就派遣使者早早出发了。之后，戒日王和鸠摩罗王合兵一处，数万大军水陆并进，一起陪同玄奘来到曲女城会场。戒日王举办的无遮大会几乎是自迦腻色迦王结集之后的最大规模的佛教盛会。当时五印度中有十八国的国王前来参会，还有三千余名精通大小乘的高僧、二千多位婆罗门及外道、一千多位那烂陀寺名僧也赶来集会。

戒日王和鸠摩罗王恭请玄奘登上狮子宝座担任论主。升座后，玄奘先阐明自己的论点，并立下赌约：如果有人能指出其中一字错误并加以驳斥的，自愿斩首谢罪。我们从西行路上就可以看出来，玄奘为了完成取经这个目标，他在异乡时刻保持着谨慎，才使他渡过一个个难关。然而，面对这次辩经，玄奘却押上了全部的身家性命，这不仅是对戒日王知遇之恩的回报和对那烂陀寺声誉的誓死捍卫，而且是对自己理论的绝对自信。玄奘的目标从始至终只有一个，那就是把经典带回长安，在没达到这个目的之前，他绝不可能轻易地就把自己的生命当作赌注，因为这在他看来是十分愚蠢的表现。在他的心中，把佛经带回中原远比自己的性命重要，如今他既然敢以性命当作赌约，必然已经立于不败之地。

在曲女城无遮大会的现场，那是一种佛教辩论史上从未出现过的现象，一连五天，人山人海的会场鸦雀无声，因为实在没有人可以从玄奘的论点中找出破绽来。一个人的安静是稀松平常的事，但如果是上万人集体的静默，那是一件极为诡异的事。这种可怕的静让外道们十分难熬，他们不能容忍佛教徒得势，他们秉持着"既然解决不了问题，就解决提出问题的人"的原则，一场对玄奘的谋杀正在酝酿。

戒日王是一位具有丰富经验的政治家，他从这种诡异的气氛中敏锐地察觉到了阴谋的味道。为了震慑众人，他加强了会场的警卫，并当着众人的面宣告道：本王欢迎向论主提出问题的人，但如果有人因为嫉妒论主智慧而想加害的，大可试试本王宝刀的锋利。

看着玄奘两旁端坐的印度最有权势的戒日王和鸠摩罗王，想要谋害玄奘的人只好打消了念头，因为没人敢怀疑他们的君王之怒。在二王的保驾护航下，整整十八天，没有一个人对玄奘的论点提出反驳的意见。玄奘获得了所有人的认可，人们尊称他为"解脱天"，他的名字嵌入了七世纪印度人的生命之中。

三条丝绸之路

就在玄奘参加无遮大会的时候，戒日王的使者已经来到了吐蕃。这是印度使者第一次抵达高海拔的青藏高原，世界交流史上新的一页被打开，它的意义不输于张骞出使西域。戒日王的使者是幸运的，因为根据时间推测，历史学家们认为他们刚好遇上了松赞干布迎亲的队伍，并且在扎陵湖畔遇上了美丽的文成公主。印度使者亲眼见证了七世纪这场最重要的婚礼之一，同时也会见了李世民的堂弟李道宗。李道宗的送亲使团本身就是唐朝的外交团，面对印度使团他不敢怠慢，当即派遣部下梁怀敬先行一步，带着印度使团前往长安觐见天子。

　　几个月后，李世民在长安接见了印度使团，这是印度官方使者第一次来华，是唐朝外交史上的重大成果。李世民欣喜于自己的贞观之治再添亮点的同时，他也第一次听说了玄奘这个僧人。此前，玄奘虽然是李大亮的通缉犯，但这样的小事还不至于上达天听。直到印度使者用崇拜至极的语调讲出玄奘取经的故事后，李世民才知道自己登基那年，有一个不听话的唐朝僧人徒步数万里，历经无数劫难，抵达印度，促成了戒日王与自己的外交。

　　自此之后，李世民记下了玄奘的名字。与此同时，一个庞大的计划开始在他的内心酝酿。作为皇帝，李世民一直把汉武帝当作自己的偶像，他欣赏的并不仅仅是汉武帝的文治武功，而是其包举宇内的格局和战略。当年，汉武帝通过对匈奴的战争，建构起东起朝鲜、西起西域和河西走廊的上万里防线，形成了对匈奴的包围圈，为后来的历代王朝奠定了统治的地理基本盘。如今，唐朝面对的国际格局与汉朝十分相似，为了解决突厥的问题，李世民需要构建更加宏大的包围圈，印度使者的到来让李世民看到了希望。

　　唐初，突厥雄踞在西域和中亚，是唐王朝最潜在的威胁。草原民族秉持着"打得赢就打，打不赢就走"的作战纲领，这让中原王朝一直难以根除边防隐患。想要彻底消灭突厥，只有东西两头堵截，才能一次性解决问题。如今，吐蕃和吐谷浑已经变成了大

唐的女婿之国 ①，只要再和印度结盟，李世民就可以建成大唐 — 吐谷浑 — 吐蕃 — 泥婆罗 — 印度这条长达上万里的包围圈，突厥将逃无可逃，西域也将重回大唐的怀抱。

因此，当李世民得知玄奘的故事后，他迫不及待地想要立刻见到这位传奇人物，因为玄奘可能会成为他最重要的情报人员，让他的宏伟蓝图变得清晰起来。

李世民为自己的"迷弟"戒日王写了一封信，并赐给印度使者很多大唐的土特产，让梁怀敬跟着他们前往印度建立外交关系。梁怀敬从长安出发，与印度使者来到逻些，向新婚的文成公主表示了她叔叔李世民的问候之后，在松赞干布的关照下，他们顺利经过泥婆罗，来到了戒日王统治的摩揭陀国。

印度使者向戒日王汇报外交成果时，距离启程的时间仅仅过了一年多。戒日王对这次外交活动非常重视，他用十分隆重的礼仪接待了大唐使者梁怀敬，并再次表明对唐朝天子的仰慕之情。梁怀敬抵达印度的时候，玄奘刚刚离开印度，并没有和大唐使者相遇，这是十分遗憾的。

那么，玄奘是选择哪一条路归国的呢？

在当时，有三条路线可供玄奘选择。第一条是玄奘来时的路，

---

① 李世民在贞观十四年（640），将弘化公主嫁给了吐谷浑可汗慕容诺曷钵。

这是从印度到大唐路程最远、花费时间最长、最危险的路。第二条是新开辟的青藏高原之路，印度使者和梁怀敬已经走了一遍，这一路上都是大唐的友邦，是最安全的路。第三条是法显曾经回国的海上丝绸之路，是最快的一条路，但也有遇上海难的风险。

抛开其他因素不谈，玄奘似乎应首选青藏高原之路，因为他西行的目标就是把佛经安全地带回中原，这条路不仅十分安全，也是一条耗时较短的快捷通道。如果玄奘从这条路前往长安，他不仅可能见到文成公主，也可能成为松赞干布的老师。此时的松赞干布正在为吐蕃王朝内部权力结构忧心忡忡，迫切希望引入新宗教来削弱苯教贵族的势力。如果玄奘从青藏高原回程，他带去的佛经远比日后莲花生大师入藏时带来的佛经多得多，这是松赞干布最稀缺的资源。整个吐蕃的宗教和政治将会为之一变，青藏高原上玄奘的铜像或许将会取代随处可见的莲花生。

然而，玄奘并没有选择这条路。戒日王知道玄奘归国心切，所以推荐他乘坐大船经海上丝绸之路返回故国，这条路此前已经有了法显的成功经验，四十年后的高僧义净也是通过海路返回大唐的。除此之外，戒日王有庞大的海船，他答应派人保护玄奘回国。如果玄奘选择这一条路回国，他将在贞观十六年（642）左右抵达广州。此时，身在岭南的慧能刚刚五岁。慧能的家距离广州不远，这位未来的佛门奇才也许就能更早地接触到他的精神导师，从而在未来开辟中国佛教的新天地。

最后的结果是，玄奘并没有选择第二条和第三条路，而是选择了路程最长的第一条路。第一条路玄奘已经走过一次了，他比所有人都知道这条路的艰险，那些濒临死亡的记忆仍旧清晰地保存在他的脑海里。并且玄奘几乎打卡了那条路上所有的圣迹，已经没什么值得他去朝圣的了。那么，玄奘为什么会选择这条路呢？

只因为一个约定。

玄奘离开高昌时，麴文泰拉着他的手泪眼相求：贤弟返程时经过高昌，请在高昌讲经三年，泽被高昌百姓。

十多年过去了，玄奘从未忘记这位国王哥哥，也从未忘记这个约定。君子一言，驷马难追。为了这个约定，他甘愿再冒一回险。于是，玄奘放弃了轻松的旅程，放弃了唾手可得的荣誉，毅然决定前去高昌，与哥哥麴文泰相会。

然而，玄奘最终奔赴的却是一场没有结果的约会。就在一年前，侯君集已经率领大军攻破高昌，麴文泰被活活给吓死了。但是，身在印度的玄奘并不知道这一切。

第十二章　回国路上的试探

解除通缉令

玄奘在赴戒日王的无遮大会时，随身带着此次从印度得到的佛经和舍利。除此之外，爱好佛教艺术的他也搜集了很多造像和绘画，打算一并带回大唐。玄奘向戒日王辞行，戒日王不忍玄奘离去，在百般劝说下，玄奘只好又留了十多天。

回国的时间一拖再拖，玄奘决定不顾戒日王的苦留之情，必须即刻启程。在玄奘的坚持下，戒日王和鸠摩罗王终于接受了这个事实，他们准备了很多金钱粮草，玄奘行李已经很多，所以拒绝了他们的好意，只接受了鸠摩罗王的一条粗毛披肩作防雨之用。

公元641年，四十二岁的玄奘正式告别大众，开始启程回国。戒日王不舍得玄奘离去，带领各国国王和大臣送别，走了数十里才被玄奘劝住，在场的每个人都知道转身就是永别。在震天彻地的啜泣声中，玄奘离开了。

玄奘离开第一天，戒日王担心玄奘没有驮物的畜力，就托北印度的乌地多国王送给玄奘一头大象，并送了很多金银当作路费。到了第三天，戒日王难以抑制自己对玄奘的思念，和鸠摩罗王率领数百轻骑兵追上玄奘，再次送玄奘一程。为了保证玄奘一路畅通无阻，戒日王还派遣了四位使者，让他们带着国书，先行一步去玄奘将要经过的各个国家疏通关系，替玄奘解决前路的障碍。送君千里终须一别，再往前走就不是戒日王的地界了，他只能再次忍痛与玄奘话别。

玄奘北归的路途十分轻松，这里是玄奘走过一次的老路，并且此时的玄奘已经是名震五印度的高僧，在沿途各国的关照下，玄奘很快来到信度河。信度河在当地有个传说，人们讲在河中有个毒龙的洞窟，如果有人想带走印度的珍宝，毒龙就会掀起风浪，使珍宝留在信度河里。玄奘乘坐着大象渡河，侍者在船上看护行囊，等船行到中途时，水面突然生起惊涛骇浪，有五十夹经书掉落在河水里漂流而下。我们今天读到这个故事时非常熟悉，因为吴承恩将其改造之后，就变成了《西游记》中通天河落水的最后一难。

风浪打湿玄奘的衣服让他显得十分狼狈，更令他痛心的是那些丢失的佛经。不过"福祸相倚"的哲理一直在玄奘的身上起作用，玄奘上岸时，迦毕试王已经在岸上等他。当国王听说玄奘丢失了佛经，就立即派人到乌仗那国抄写遗失的佛经。只是，这一耽误又是两个月的时间。

佛经失而复得之后，迦毕试王上百人的军队护送玄奘越过兴都库什山，出了印度境。玄奘一路经过曾经走过的国家，仅仅过去了十四五年的光景，许多故人已经逝去，让玄奘感慨万千。玄奘对前路十分熟悉，带领着众人翻越葱岭，来到了佉沙（疏勒）国。

疏勒国已经是西域的地界，这里自汉代时期就是朝廷的国土，街市上也偶尔能看到汉人，这让玄奘十分亲切。然而，就在玄奘打算沿着丝绸之路北道前往高昌的时候，一个坏消息打乱了他所有的计划。原来，直到这个时候，玄奘才知道高昌国已经被唐廷所灭的消息，麴文泰也亡故了。玄奘听闻了麴文泰的噩耗之后，高昌成为玄奘的伤心之地，他不忍心再踏上那块土地，所以改变了自己的行程，开始沿着丝绸之路南道回国。

玄奘向东走八百多里，就到了于阗国。于阗国是丝绸之路南道上最强盛的国家，也是西域大乘佛教的中心，在小乘佛教盛行的西域可谓独树一帜。这里是中原取经最初的目的地，既是中国历史上第一位汉族僧人，也是第一位西行取经求法僧人的朱士行就是在于阗取经的。有趣的是，朱士行的法号是八戒，在后来的演绎过程中，这个法号被唐僧的第二个徒弟借用，造就了《西游记》里的猪八戒。当然，玄奘抵达于阗时，他绝不会想到后来的人会把这位伟大的先贤与自己联系起来。

于阗的东边就是唐朝控制的高昌和鄯善，谨慎的玄奘一直没有忘记自己通缉犯的身份，他必须在动身之前再一次探明朝廷对待自己的态度。如果朝廷视玄奘为逃犯，身在于阗的玄奘还有掌握自己命运的能力，但只要进入玉门关，玄奘就身不由己了。经历了无数苦难的玄奘从不会为自己的生命担忧，唯一使他忧虑的是皇帝对待佛教的态度。如果信奉道教的李世民将自己好不容易取来的经典付之一炬，自己的全部努力也将化为泡影。

在于阗，玄奘刚好遇上了曾经在高昌时认识的故人马玄智，于是就给李世民写了一封信，委托正要东去经商的马玄智帮忙带到长安。玄奘在信里首先承认了自己偷越国境的错误，然后阐述了自己的取经历程，全赖陛下的天威保佑，才让他完成取经的使命。接下来，他解释了自己为什么停在于阗的原因，他的理由是自己携带的经书很多，但那头戒日王送给自己的大象在归途中落水淹死，没有交通工具的他只能暂时停留在于阗。

如果有人想要考公务员，我推荐你一定要读一读玄奘的这封信，它绝对称得上是一篇公务员申论考试的绝佳范文。这封信决定了李世民对玄奘的第一印象。在信中，我们可以看得到玄奘与政治人物接触时的谨小慎微，他有十分敏锐的政治敏感性，用尽自己的文学才情解释了此前的一切①。

八个月后，玄奘收到了李世民的回信，信中李世民对玄奘的喜爱溢于言表，他敦促玄奘尽快启程（"闻师访道殊域，今得归还，欢喜无量，可即速来与朕相见"）。为了给玄奘的回国之路提供方便，李世民派遣了鄯善官员在且末迎接，同时派遣沙州（敦煌）官员在流沙迎接，帮助玄奘渡过最难的险境。

凉州的政治表演

玄奘是从阳关进入沙州的，今天，与玉门关齐名的阳关遗址早已消失在历史的尘埃之中。经过李并成等学者的考证，认为敦

---

① 《大慈恩寺三藏法师传》："奘闻马融该赡，郑玄就扶风之师；伏生明敏，晁错躬济南之学。是知儒林近术，古人犹且远求，况诸佛利物之玄踪，三藏解缠之妙说，敢惮涂遥而无寻慕者也。玄奘往以佛兴西域，遗教东传，然则胜典虽来而圆宗尚阙，常思访学，无顾身命。遂以贞观三年四月，冒越宪章，私往天竺。践流沙之浩浩，陟雪岭之巍巍，铁门崾峻之涂，热海波涛之路。始自长安神邑，终于王舍新城，中间所经五万余里。虽风俗千别，艰危万重，而凭恃天威，所至无鲠。仍蒙厚礼，身不苦辛，心愿获从，遂得观耆阇崛山，礼菩提之树，见不见迹，闻未闻经，穷宇宙之灵奇，尽阴阳之化育，宣皇风之德泽，发殊俗之钦思，历览周游一十七载。今已从钵罗耶伽国经迦毕试境，越葱岭，渡波谜罗川归还，达于于阗。为所将大象溺死，经本众多，未得鞍乘，以是少停，不获奔驰早谒轩陛，无任延仰之至。谨遣高昌俗人马玄智随商侣奉表先闻。"

煌市南湖乡西面的古董滩就是阳关故址所在地。如今的阳关仅遗存一处烽燧，笔者常常去阳关凭吊，在西北的寒风中，似乎总能听到玄奘当年奔向阳关的喘息声。阳关对于玄奘而言等于班超眼中的玉门关，当进入阳关的那个瞬间，在外漂泊了近二十年的玄奘终于回到母国，这不得不令他热泪盈眶。

　　玄奘到达沙州后，就与于阗王派遣的护送人员告别了。此时，莫高窟已经营建了近三百年，崖面上的窟龛有将近两百个，是敦煌佛教艺术的中心。由于留存下来的史料较少，历史上并没有玄奘巡礼莫高窟的记载。玄奘当时急着赶往长安与皇帝相见，或许没有时间前往莫高窟朝圣，而与这座中国最著名的石窟失之交臂。

　　进入国土的玄奘做事更加小心谨慎，他严格遵守官场"凡事有交代，事事有回应"的规则，在沙州立刻写了一封信，报告自己的行程进度。河西走廊是中国古代驿站最发达的地区之一，这里的凉州大马是当时最好的驿马，玄奘的信很快被送到御前。李世民知道玄奘就要到了，他很想在长安尽快见到玄奘，但手头正有一件急事，需要他外出解决。在临行前，李世民安排了自己最倚重的房玄龄在长安准备接待玄奘。房玄龄不仅是李世民的亲家，也是国家的宰相，有他接待玄奘，李世民很放心。

　　我们不知道玄奘是否在沙州城里遇上曾经帮助他穿过八百里莫贺延碛的王祥和王伯陇兄弟。他们或许已经在一场守卫国家边

莫高窟藏经洞出土《牢度叉斗圣变》

鹿王本生 邢羅龙 摄于敦煌画院 ·

·　维摩诘与文殊　邢耀龙摄于甘肃省博物馆　·

·　成都西安路出土杜僧逸造育王像　邢耀龙摄　·

· 步辇图 ·

· 阳关遗址 邢耀龙摄 ·

· 甘肃省博物馆藏凉州瑞像　邢耀龙摄 ·

· 藏经洞出土《大云经疏》残卷 S.2658 ·

· 大雁塔 邢耀龙摄 ·

· 永安禅院涅槃像 邢耀龙摄 ·

玉华寺遗址 金俊音摄

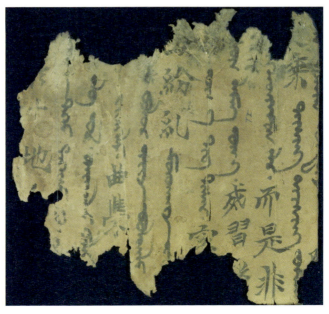

回鹘文版《大慈恩寺三藏法师传》 国家图书馆藏

· 陕西省延安市子长县钟山石窟玄奘取经石刻　石建刚摄 ·

· 玄奘取经博物馆　邢耀龙摄 ·

防的战役中牺牲，或许仍旧在大唐边境的烽燧里守护着疆土，或许退休回到了沙州养老，听到玄奘回国后，在沙州城外迎接玄奘时泪流满面。

在河西走廊，最能勾起玄奘回忆的是沙州东面的瓜州，那里有接待他的瓜州刺史孤独达、瓜州寺院里的师友、舍命撕毁逮捕令的李昌、送枣红马的老胡人，还有自己的那个大徒弟石槃陀。没有他们，玄奘万万不能取经成功。玄奘归国的时候，这些在玄奘取经过程中做出巨大贡献的瓜州人是否在世？玄奘究竟有没有见到他们呢？由于史料的缺乏，这两个问题的答案已经无从得知。

玄奘深知帝王一般没有太多等人的耐心，所以即使是在回忆满满的瓜州也不敢多作停留，他跟随使者日行近百里，十多天就到了河西的都会凉州城。玄奘一定还记得仓皇逃出凉州城的那一夜，史书没有记载玄奘是否见过曾经帮助他出逃的慧威法师、道整和慧琳。玄奘第一次来到凉州时，慧威法师是凉州僧界的代表，所以必然是一位老僧，按照年龄推算，慧威法师此时或许已经圆寂，报恩无门的玄奘必定心如刀锉。

在凉州，玄奘曾成为一名通缉犯，如今再次回到故地，他的内心势必有无限感怀。令人遗憾的是，曾经发出通缉令的凉州都督李大亮并不在凉州，他此时正在长安等待着玄奘的归来。原来，李世民知道李大亮主政凉州的时候与玄奘有过接触，因此把他任

命为房玄龄的副手，负责玄奘进京的接待工作。然而，李大亮担
任副总指挥没多久就生了重病，更巧合的是，他在玄奘抵达长安
之前逝世了，时间仅仅差了几天。李大亮临终之前，或许十分想
见见那个被自己通缉的高僧，然而，命运最后还是给他开了一个
玩笑。

　　凉州是河西走廊的最东端，这里距离京城已经很近了。玄
奘知道佛教的发展必须亲近皇权，但佛教如果与皇权走得太近，
又往往会成为政治的牺牲品，这是一次次被历史证实了的事 ①。
离权力中心越近，玄奘的内心越不安，皇帝推崇的国教是道教，
为了佛教的发展，他不得不做一些为政治服务的事情了。玄奘
打算在凉州暂停一日，去一处圣地打卡，这里就是著名的感通
寺。

　　据说，北朝时期一位名叫刘萨诃的高僧云游到了凉州番和县
（今甘肃省金昌市永昌县）。他向县城东北方向的御谷山瞭望，觉
得这座山是一座圣山，并预言道："这座山里有奇异的光芒，是佛
光普照，将来这里会有一尊佛像出现。佛像出现时，如果残缺不全，
就预示着天下正将处于混乱之中，百姓苦不堪言；如佛像完整无缺，
就预示着天下太平，国泰民安。"

---

① 　如北魏太武帝、北周武帝灭佛。

　　八十六年之后（520）的一天，御谷山一带突然狂风大作，雷电交加，山谷崩裂，悬崖绝壁上竟显现出一尊石佛像，除了没有佛头之外，其他部位完好无损。人们想起了刘萨诃的预言，为了阻止天下大乱，立即为无头大佛雕凿了一个佛头，准备安装在石佛上。但是，当僧人们在白天把佛头装好之后，当夜又掉了下来，这样试了几次都不能成功，当时是中国历史上的南北朝时期。

　　佛像出现的三十七年（557）后，在距离这座山两百里的凉州城东，夜里突然出现五彩光芒，如同白昼。人们前去查看的时候，竟是一尊石佛头像，这让人们一下子联想到了御谷山的无头石佛。当人们将石佛头像送到御谷山的时候，发现它竟然与石佛严丝合缝，稳稳地安装到了脖颈上。自此之后，人们把这尊石像称之为"凉州瑞像"。

　　在敦煌石窟中，凉州瑞像是常见的题材，截至目前，学界统计出的关于凉州瑞像题材的敦煌文物遗存共计有十五处①。通过对

---

　　①　前辈学者发现了十一处，以大型经变画的形式出现的有莫高窟五代第61窟、第72窟、第98窟；以单体瑞像画的形式出现的有莫高窟中唐第231窟西壁佛龛顶、莫高窟中唐第237窟西壁龛顶东披正中、莫高窟宋代第76窟甬道顶、榆林窟五代第33窟南壁西侧佛教圣迹画中上方中心位置；以泥塑龛像的形式出现的有莫高窟初唐第203窟西龛、莫高窟初唐第300窟西龛、榆林窟初唐第28窟中心柱北向面龛内；以刺绣画的形式出现的有藏经洞出土唐代凉州瑞像。另外，笔者在榆林窟又发现了四处，分别是榆林窟初唐第17窟中心柱东向面龛内、榆林窟初唐第39窟中心柱东向面龛内、榆林窟初唐第39窟前室甬道顶、榆林窟宋代第35窟前室甬道顶。

敦煌石窟现存凉州瑞像的整理，可以看出凉州瑞像有着固定的造型，一般都是立姿，左手执袈裟，袒垂右臂的形象，身后背光有嵯峨的山岩，赤足立于莲台上，称之为倚山像。

敦煌石窟里为什么会出现这么多的凉州瑞像呢？除了这尊石像的出现地就是河西走廊之外，主要是传说这尊塑像太灵验了。北周建德初年（572）一天夜间，凉州瑞像佛首自行落地，朝廷派大冢宰和齐王亲临验察，并举行仪式重新安放，但白日安好，夜晚脱落，反复十余次，仍然如此。三年后，周武帝开启灭法运动，印证了刘萨诃"盛世则完，乱世则缺"的佛首预言。隋开皇年间在原址之上修建了寺院，大业五年（609）隋炀帝西征，亲自前往礼觐，并改为感通寺，从而承认了凉州瑞像护国护教的功能。唐朝皇家也十分重视这座寺院，贞观十年（636），感通寺像山出现凤鸟蔽日的祥兆，李世民专门派遣使者供养。关于这一政治意涵的理解，巫鸿先生阐释得最为准确。他认为这是一尊具有极强政治意义的佛像，它的形象的完整意味着国家统一，与三代的"九鼎"有相同之处，成为统一国家中央政权的象征；另一方面，凉州瑞像是"北方"本地的瑞像，象征了一个强大政治力量在中国北方的崛起。

抛弃神话的外衣，张善庆先生敏锐地发现凉州瑞像的诞生以北周建德佛首跌落事件与处在祁连山地震带上的凉州地质有极大关系①。如关于凉州瑞像的诞生，《集神州三宝感通录》记载："至正光元年，因大风雨，雷震山岩，挺出石像，高一丈八尺，形相端严，唯无有首。"关于建德年间佛首跌落，《隋书·五行志》就记载："建德二年，凉州地频震。"凉州瑞像的每一次变动几乎都与凉州地震同时发生，两者之间可能存在因果联系。

从这一点来看，李唐王朝应该感谢大自然，因为河西走廊的地质刚好在唐初进入了一个相对稳定期，没有地震的影响，凉州瑞像的佛头一直十分安稳。玄奘知道自己绝不能用法琳那样的姿态与皇家交往，想要完成译经的愿望，他必须用行动表达出自己对李唐王朝的作用。于是，玄奘特意前往感通寺礼拜凉州瑞像，并在寺里开坛讲经，为李唐王朝的合理性做足了弘扬工作。

除了礼拜凉州瑞像之外，玄奘再次来到鸠摩罗什的舌舍利塔下。鸠摩罗什当年就是离开凉州后开始译经的，从而为中原佛教翻译出了珍贵的知识财富。如今，玄奘的处境与鸠摩罗什如出一辙，他在鸠摩罗什塔下发下誓愿，希望能像先贤一样，翻译出流传千古的作品。当然，玄奘不能在鸠摩罗什塔下驻足太久，因为皇帝正在等他，他必须启程了。

---

① 张善庆：《凉州建德大地震与番禾瑞像信仰的形成》，《敦煌学辑刊》2011年第3期。

玄奘的晚年与后世影响

第十三章　玄奘与李世民的博弈

佛教艺术大展

离开凉州之后，玄奘加快进度，马不停蹄地赶往长安。玄奘之所以如此焦急，是因为他已经得到了皇帝的回信，信中李世民说自己即将出征高句丽，希望玄奘能在大军开拔前赶到洛阳相见。玄奘唯恐来不及见驾，因此昼夜并进，很快来到了京城近郊的漕上。

玄奘比房玄龄预估的时间早了很多，这让朝廷原定的迎接仪式来不及安排。宰相房玄龄赶快命令右武侯大将军侯莫陈实等人火速赶到漕上，又紧锣密鼓地在城中准备各种礼仪器具，一直忙到了天亮。此时，城中的百姓已经知道了玄奘的归来，他们早早地就在城内排成了长达十里的欢迎队伍，都想见见这位历经千难万险的传奇人物。

到了第二天一早（645年正月二十五日），在全城百姓的注目下，玄奘终于回到了他日思夜想的长安城。那一日，全长安城的人都记住了玄奘的名字。此后，他的事迹还会被这座城里的人一次次谈起。

房玄龄不愧是李世民最倚重的人，从朱雀街到弘福寺，长达数十里的路被百姓们围得水泄不通，在他有条不紊地组织下，并没有发生重大的踩踏事件，这在古代的条件下不可想象。玄奘被他安然地送到弘福寺了，但玄奘带来的宝物却被百姓们堵在了半道上。人们围观这些圣物久久不肯散去，为了满足百姓的好奇心，房玄龄决定在朱雀大街的两厢搞一场"印度佛教艺术大展"。

以下是这次展览中参展的展品清单：

1. 如来肉身舍利一百五十粒。

2. 摩揭陀国前正觉山龙窟留影金佛像一尊，高三尺三寸。

3. 鹿野苑初转法轮檀刻佛像一尊，高三尺三寸。

4. 侨萨弥国优填王思慕如来檀刻写真像一尊，高二尺九寸。

5. 劫比他国如来自天宫下降宝阶银佛像一尊，高四尺。

6. 摩揭陀国灵鹫山说《法华》等经金佛像一尊，高三尺五寸。

7. 那揭罗喝国伏毒龙所留影像檀刻佛像一尊，高一尺三寸。

8. 吠舍厘国巡城行化檀刻佛像一尊。

9. 大乘经典224部、大乘论典192部；上座部及三弥底部经、律、论典各15部；弥沙塞部经、律、论典22部；迦叶臂耶部经、律、论典17部；法密部经、律、论典42部；说一切有部经、律、论典67部；因明论36部；声明论23部。

……

在这次展览中，不得不提的一件展品就是牙刷。关于刷牙这件事，远古时代尚不可知，但到了唐宋时期，古人是刷牙的。中国自古以来就是礼仪之邦，在传统的封建礼教下，十分注重一个人的行为举止是否符合礼的规定。如果不刷牙的话，食物的残渣长期滞留在牙缝以及牙齿的表面，会形成顽固的牙垢，只要一张口，就会散发出阵阵恶臭来。牙齿不洁，口有异味，这在讲究社交礼仪的古代贵族间是完全不能忍受的，所以刷牙成为每一个君子的必修课，也是古人一天中必须做的一件事。那么，古人用什么器具刷牙呢？在莫高窟的揩齿图里，我们可以看出古人是用食指蘸着盐刷牙的。然而，手指刷牙既不卫生也不能清理干净，玄奘取经归来之后，解决了国人刷牙的痛点。

牙刷的产生与佛教有很深的渊源。传说释迦牟尼在菩提树下说法，众弟子围绕在他的周围听法，由于弟子们没有刷牙，在印度闷热的天气里，口臭相当严重，让深陷其中的释迦牟尼几乎昏厥。为了营造良好的学习氛围，释迦牟尼开始劝说人们重视清洁牙齿，并教导人们如何用木头制造清洁口腔的工具。释迦牟尼折断一根树枝，先把树枝的一端放入口中嚼碎，把汁液裹满牙齿，然后用嚼成毛刷状的一端，轻轻地摩擦牙齿、刮除牙垢，木刷自此诞生。玄奘取经归来时带来了印度清洁口腔的木制工具，齿木刷牙从此流行开来。玄奘想要把刷牙的习惯推广开来，但在中原地带找不到印度人刷牙的木材，一时难住了高僧。后来，他用中原普遍可以见到的杨柳枝做了改良，将柳枝的一端或两端打扁成刷状，这种方法制成的牙刷就好像扫帚一样，可以蘸药膏刷牙齿了。这种牙刷除了方便之外，还有奇特的药用价值，明代李时珍在《本草纲目》中就讲道："柳枝去风消肿止痛，其嫩枝削为枝，剔齿甚妙。"意思是用柳枝剔牙，除了去除牙缝里的残渣，还有消肿止痛的功效呢。

这次展览展品丰富，策展人房玄龄和玄奘开创了中国历史上公开性质的文物和艺术展的先河。房玄龄决定展览日期一共是28天，近一个月的参观时间内观者如堵，观展人次以百万计。到了今天，各种艺术展览层出不穷，但玄奘创造的展览奇迹至今仍难被超越。

进 京 述 职

这次展览的主角无疑是玄奘，然而，玄奘并没有享受百姓对他的赞誉，他躲在弘福寺里闭门不出，在巨大的荣誉面前时刻保持着冷静。作为《金刚经》的重要翻译者，玄奘十分清醒地知道那些荣誉和赞叹都是梦幻泡影，权力永远是自私的，在皇权面前，受万民敬仰是一件十分危险的事。更何况，他现在还要面对一件十分重要的事，就是要去洛阳面见李世民。他必须提前打好这次对谈的腹稿，顺利完成进京述职报告。

玄奘再次来到自己出家的洛阳城，故乡就在城外，却没有时间返乡。李世民穿好戎装，正在宫殿里等待着他。玄奘终于要跟第三位哥哥见面了，从而开启他的下一段人生。唐太宗紧紧地盯着眼前的这个人，首先是因为玄奘真的很帅，标致的容貌让很多人第一次见面就一见倾心。

身为江陵县令的儿子，玄奘对官场的人情世故非常熟悉，他细心挑选了材质最珍贵的佛像和中原难得一见的新奇物件献给李世民，李世民收了礼物之后，率先打开了话匣子。

李世民说："高僧要西行求法，为什么不事先告诉我呢？"

玄奘说："我当初曾再三表奏，但可能是因为我的诚意不够，所以并没有得到朝廷的允许，所以只好不顾国法，擅自出关，还请皇上恕罪。"

李世民不好意思再继续这个话题，话锋一转，安慰玄奘说："高僧是出家人，行事自然与俗人不同，更何况此去冒着生命危险，志在普度众生，令朕非常钦佩。令我十分好奇的是，那么远的路，高僧是怎么到达印度的呢？"

玄奘说："我一路上全靠陛下的天威，才排除万难，顺利取经归国。"

作为皇帝，李世民的身边从来不缺拍马屁的人，听玄奘这么一说，他怪不好意思的，当即自谦地说："您太厚道了，这样的功劳怎么能算我的呢？"

李世民嘴上虽然这么说，但心里已经对玄奘的识时务高看了一眼。接着，李世民向玄奘询问了自己最关心的问题，那就是西域的山川形势和风土人情。唐太宗当然不关心佛经和舍利，他最想知道的是西域的情况，那里是李世民的下一块拼图，也是对手突厥控制的区域。玄奘言辞精准，为皇帝还原了一个十分鲜活的域外图景，开拓了李世民的眼界。

等玄奘讲完，李世民被比自己小一岁的玄奘深深折服，他不停地赞叹玄奘的行动与智慧，他走的路远超博望侯张骞，他的记录则比太史公司马迁还要详细。旁听的长孙无忌也在一旁附和，称赞玄奘的功绩。李世民实在太喜欢玄奘了，此后的二十多天中，唐太宗与玄奘两个人形影不离，每天都在宫殿里促膝相谈，直到宫内击鼓要关闭宫门了，玄奘才从殿里一脸疲惫地退出来。

与玄奘密谈的这一个月，唐太宗对玄奘十分欣赏，劝他还俗，进入朝廷为官，成为大唐西域计划的军事参谋。玄奘一想到西域诸国刚刚帮助自己完成取经的事业，自己却要回过头来攻打他们，内心中千万个不愿意。他向皇帝推托说自己取经不是为了做官，而是想要参透佛法，希望皇帝允许他继续待在佛门之中。李世民不好强迫玄奘在他的政府里上班，只好尊重玄奘的选择。

二月二十二日是大军开拔之日，李世民即将率军亲征高句丽。前有表舅隋炀帝三征高句丽的失败经验，李世民为什么还要出征呢？原因来自汉武帝的计划。前文讲到，汉武帝设计了朝鲜 — 中原 — 河西走廊 — 西域的国家反包围链，奠定了后来中国封建王朝的地理格局，因此，不论是隋炀帝还是唐太宗，朝鲜半岛是国防安全上的一块心病。642年，百济联合高句丽进攻与唐朝交好的新罗，新罗在643年向唐求援，李世民派遣使者劝高句丽罢兵，遭到无情拒绝。此时新罗再次求援，李世民认为这是攻下高句丽的绝好机会，因此才决定发兵辽东。

出征在即，李世民须臾不能离开玄奘，因而邀请玄奘同行。玄奘知道留给自己的时间不多了，他必须把时间用到翻译佛经上，否则自己的一切努力都将付之东流。因此，玄奘向李世民说："臣是出家人，佛家戒律规定不杀生，也不得观看兵戎厮杀，如果有违戒律，就会堕入地狱之中。"李世民当然不能让玄奘堕入地狱之中，所以只好作罢。

玄奘乘自己与李世民的关系正处于亲密期，借机请求李世民允许他去少林寺翻译带回来的佛经。这显然是打算躲避入山，李世民拒绝了他的请求，让他陪伴在自己的左右，以方便随时交流。

《大唐西域记》与《道德经》

伴君如伴虎啊！君前奏对结束之后的玄奘，终于在三月份从洛阳返回长安。李世民让他在弘福寺译经和写作，弘福寺是李世民为自己的母亲修建的，属于皇家寺院，是长安城里条件最好的。在玄奘入住寺院的同时，李世民吩咐宰相房玄龄随时关照。

玄奘的译场很快准备就绪，在宰相和群臣的协助下，召集了懂梵文的翻译人才和抄手齐聚弘福寺，开始了他的译经事业。当时很多名僧都十分仰慕玄奘，也想一睹玄奘取来的佛经，所以纷纷来长安参与到译经的过程中。弘福寺成为当时天下的第一译场，玄奘看着自己取回的佛经一本本被翻译成汉文，内心的满足感油然而生。

在笑逐颜开的同时，玄奘依然保持一份清醒和冷静。因为他知道，译经事业的全面展开，没有皇帝的支持和朝廷的财力资助，凭他一个人的力量是绝不可能办到的。而皇帝之所以支持他，其原因和目的不是弘扬佛法，而是为了他统一天下，成就千古一帝的伟业。皇帝从来只在乎他的权力和疆土，如果要保持这种译经的盛况，他必须帮助皇帝实现他的梦想，为皇帝提供有用的情报。所以，在译经的同时，他和自己的弟子辩机一直在写一本书。《大唐西域记》这本书详细记载了玄奘取经的亲身经历和西域一百多个国家的真实情况。

公元646年，通过日夜不停地赶工，玄奘仅用了一年左右的时间，就完成了十万多字的《大唐西域记》。七月，他将《大唐西域记》和新译成的几部佛经一起呈献给李世民，并请求李世民为所译的经文作序。李世民看完之后对玄奘极为赞赏，但却没有立即答应写序。

在《大唐西域记》写成的这一年，一位名叫王玄策的使者刚刚出使印度回来，带来了戒日王写给玄奘的信。玄奘读到老朋友的文字，让他回忆起在印度学习时的那段自由时光。自玄奘走后，戒日王频繁派遣使者与唐朝进行外交往来，玄奘翻过葱岭的时候（643），王玄策奉命作为副使，跟随朝散大夫、卫尉寺丞、上护军李义表护送印度使节回国。王玄策回到长安时，带来了戒日王的消息和请求。原来，身为印度文学泰斗的戒日王除了对《秦王破阵乐》感兴趣之外，对中国的其他文学作品也十分喜爱。既然玄奘带走了很多印度的佛经，他希望唐朝也能送来中原的优秀作品，从而加深两国在文化上的交流。作为"李耳"的后世子孙，李世民很有必要把《道德经》弘扬出去，因此就让玄奘把《道德经》翻译成梵文。

玄奘翻译《道德经》历来被认为是一件小事，那是我们一直忽视了这件事背后的逻辑和对后世的影响。《道德经》作为唐朝国教的根本性纲领和文化外交上最重要的作品，李世民十分重视它的翻译工作，那么，他为什么要把这个艰巨的任务交给玄奘呢？我们会想当然地认为玄奘梵文很好，所以自然成为李世民心中的第一人选。当我们这样想的时候，忽视了一个极为关键的问题，那就是任何一个翻译家要翻译作品，首先要对翻译的文本有十分深刻的理解。在当时的长安城，懂梵语的高僧不在少数，李世民之所以选择玄奘，还有一个重要的原因就是玄奘对道教经典有极高的造诣，他能兼通道家思想、佛家思想和梵文。因此，由这个小细节，我们就能窥见玄奘智慧之一斑。另外，正是因为玄奘翻译的《道德经》，中国的哲学作品走出国门，开始向世界传播。可以说，玄奘是中国道家思想影响世界的推动者，这与他僧人的身份形成一种有趣的对比。

王玄策平定印度

贞观二十一年（647），为了进一步促进两国关系，李世民派王玄策作为正使，与副使蒋师仁再次出使印度。自文成公主出嫁，李世民已经七年没有见过她了，在临行前，李世民写了一封信交给王玄策，让他在路过吐蕃的时候呈给文成公主。王玄策在逻些见到了二十三岁的文成公主，如今，她已经从那个出长安时懵懂的少女变成了威仪庄重的吐蕃王后。拜别文成公主之后，王玄策借道泥婆罗国，沿着喜马拉雅山脉的山坡，一路南下前往摩揭陀国。然而，令他没有预料到的是，印度已经磨好刀剑，正在等他前来。

原来，就在一年前，戒日王朝内部发生了政变，戒日王被杀，大臣阿罗那顺乘乱篡位自立为王。当阿罗那顺得知大唐的使团已经来到国境内时，也许是他嫉妒戒日王与唐朝的亲密关系，所以就秉着"先下手为强"的原则，派出千余名士兵攻击了大唐使团，掠走了丰厚的外交礼物。他这么做并不是丧心病狂，他当然也听到过李世民天策上将的威名和秦王破阵的气势，但印度与唐朝隔着万里之遥，大唐的士兵是不可能飞过喜马拉雅山的。

然而，摩揭陀国新王似乎忘记了班超万里封侯和霍去病横扫漠北的故事，更为要紧的是，他刚刚打劫的王玄策就是唐朝时的班超。

王玄策有着和李广一样高超的武艺和技巧，他在被捕的情况下依然沉着应对，乘敌人看守松懈的时候逃走。然而，他并没有

回到大唐搬救兵，而是来到文成公主所在的逻些城。他将自己的
遭遇如数禀报给了文成公主和松赞干布，并请求借吐蕃兵马一用，
让他率领大军拿下摩揭陀国，讨回大唐使团被杀的公道。

文成公主也没有想到摩揭陀国新王竟然会做出这样的事，作
为大唐的女儿，她有义务重拾国家的尊严。松赞干布军力正盛，
作为大唐的女婿，他也有义务维护大唐的国威，同时乘机削弱
印度的实力。为了完成这次军事行动，节省军费开支，松赞干
布向距离印度更近的老丈人泥婆罗国王借兵，组成了一支两国
联军。

于是，一介书生王玄策带着数千名吐蕃和泥婆罗骑兵，依
靠地理优势，从喜马拉雅山脉南麓一路俯冲下来，兵锋直指摩揭
陀国。当摩揭陀国新王在恒河里泡澡的时候，他万万没有想到王
玄策能这么快前来，难道大唐的士兵都会筋斗云不成？这时候已
经没有时间让他多想，当他狼狈地爬上河岸时，只好带着数万人
与王玄策一战了。

这是王玄策人生中的第一场战役，也是唯一的一场。从未领
过兵的外交官王玄策此时简直就是班超附体，战神的血液似乎
被逐渐唤醒，身后跟随着的士兵完全听不懂他的语言，静默得
像一块铁，这是士兵与将军之间的第一次合作，却爆发出惊人
的力量。

王玄策以微弱的兵力横扫实力最强劲的中印度，活捉了叛乱的阿罗那顺。其他东、西、南、北四印度被王玄策的军威惊破心胆，纷纷送来贡品以示臣服。这件事很快传遍整个东方世界，当人们听说大唐不费一兵一卒，仅靠一个唐朝使者就平定了印度的动乱，这让诸国认清了大唐的实力，唐朝的国际地位进一步提升。自此之后，各国都向唐朝靠拢，纷纷投来建交的国书。

王玄策正带着大军返回逻些的时候（648），太子李治为母亲修建的大慈恩寺刚刚落成，他邀请玄奘担任"上座"，大慈恩寺成为玄奘的主要译经场所。

同年，玄奘翻译完成了一部伟大的作品，那就是著名的《瑜伽师地论》。这是大乘佛教十分重要的一部经典，也是玄奘最喜欢的一部佛经。他把这部佛经交给李世民之后，李世民也大为震撼，因此逐渐改变了对佛教的态度。

玄奘一生给李世民的帮助很大，李世民为了回馈玄奘的帮助，就亲自撰写了历史上非常著名的《大唐三藏圣教序》，并且下敕令将其列为所有经卷首篇。自此之后，玄奘有了唐三藏这个名字，意思是玄奘精通佛教经、律、论三类经典，《西游记》中唐僧的法号就是唐三藏。之后，皇太子李治为了博取唐太宗和玄奘的好感，又亲自为玄奘写了《述圣记》。当时的宰相褚遂良是初唐时期中国书法艺术的大宗师，他用楷书写了这两篇序文。后来，弘福寺的怀仁和尚汇集了唐太宗喜爱的王羲之的字体，组织人员镌刻著名的《大唐三藏圣教序碑》，成为今天西安碑林的镇馆之宝。

正是因为有了皇家的支持，全国各地开始大量修建佛教寺院和石窟，出家的僧人数量也与日俱增，朝廷放开了对佛教诸多方面的政策束缚，唐初以来受压制的佛教，因为玄奘的努力而复兴，从此奠定了唐代佛教后来的高峰。

第十四章　皇家的束缚与玄奘圆寂

李世民的逝世

为继续得到皇家的青睐，玄奘一直在寺庙和朝廷之间忙忙碌碌，因为长时间的超负荷工作，他的身体日渐消瘦。然而，先倒下去的却是李世民。

李世民只比玄奘大一岁，但因为早年征战天下的时候有战争创伤，再加上成为皇帝之后常年熬夜工作，导致晚年时病魔缠身。李世民作为历史上有名的千古一帝，当然想让自己活得更久一点，从而实现更伟大的基业。因此，他开始像秦始皇和汉武帝一样，寻找传说中的长生不老药。古代道士炼出来的仙丹，大多是含有铅、汞、砷等重金属的"毒品"，历史上有很多皇帝就是因为服用丹药而亡。李世民也不能免俗，重病之下服食丹药，导致身体每况愈下。

这时，恰逢王玄策出使印度归来，他为病重的唐太宗带来一个好消息。他带来了一名叫那逻迩娑婆寐的印度方士。这位印度方士自称已有两百岁，有祖先传下来的长生之术，炼制的丹药能让人长生不老。很显然，这是一个俘虏为了摆脱被杀的命运而编造的谎言，却被当作李世民的救命稻草。于是，接下来就是一些历史上司空见惯的操作。没有行医资格证的天竺方士开始用各种乱七八糟的东西炼丹，其中不乏据说能包治百病的牛屎和牛尿，英明一世的李世民成为这些假冒伪劣产品的"活体实验人"。

这个印度人并不会汉语，所以李世民让玄奘来到玉华宫当翻译。从此之后，玄奘几乎一直陪在唐太宗的身旁，一边照顾皇帝的起居，一边促膝谈心，两个老人的关系亲密无间。正是因为玄奘悉心的陪伴，让本来在病痛中的唐太宗受到很大的慰藉。自从魏徵死后，玄奘填补了唐太宗知心好友的位置。虽然在真实的历史上，玄奘并不是李世民的御弟，但李世民的晚年确实是由玄奘陪着他度过的。他们之间的友情远远超过了《西游记》中御弟的情感，这是历史给我们留下的温情的一面。

贞观二十三年（649）五月二十六日，李世民驾崩于终南山上的翠微宫含风殿，唐代历史上著名的贞观之治宣告结束。值得关注的是，就在李世民驾崩的第二年，他的女婿松赞干布也在高原上逝世。李世民和松赞干布的相继逝世是七世纪中叶重要的历史事件，此时只有二十六岁的文成公主在吐蕃举步维艰，唐朝和吐蕃的关系逐渐走向对立。自此之后，因玄奘而开辟的中印之间的高原丝绸之路被关闭，吐蕃把大唐看作假想敌，开始了蚕食大唐的计划，世界格局因此而改变。

武则天的信仰

在李世民病重的那个阶段，还有一个十分重要的事件常常被人忽略。唐太宗的床畔，除了玄奘之外，日常的饮食起居由嫔妃和太子李治服侍。玄奘在翠微宫里讲经说法时，除了病危的唐太宗，还有两个十分好学的年轻人，他们就是皇太子李治和才人武则天。李治和武则天就是在此时相爱的，玄奘不仅见证了两人的爱情，他的智慧也对两人产生了深远的影响。玄奘与李世民讨论的往往都是君国大事和佛学智慧，两人在这些方面可以说是当时世界上最优秀的人，在翠微宫的那个场景下，玄奘和李世民可以说是天下最好的老师，而武则天则是天赋最高的学生。在旁听的过程中，木材商人的女儿开始蜕变，此时的玄奘或许已经从武则天的眼神中看到了这个女子的不凡。但令玄奘没有想到的是，在未来，武则天将会成为自己最优秀的弟子。

　　我们可以暂时把视角放到武则天的角度，来审视当时的朝局。武则天一直希望自己能和男儿一样文武兼修，所以她实在烦透了在宫中与那些无所事事的才人们拉家常，那些鸡零狗碎的琐事宛如一把钝刀，正在消耗着她不甘平凡的生命。她把自己全部的希望寄托在皇帝的身上，如今皇帝却病倒了。

　　高阶的嫔妃各有自己的事，作为才人，她是宫廷厨房的管理者，因此承担起临床护士的责任，照顾病榻上的皇帝。自从皇帝病重之后，有一位高僧常常被皇帝唤来，听说这位高僧花了十九年的时间去印度取经，这让她十分仰慕。高僧智慧渊博似海，他和皇帝常常谈论哲学、文学、域外情况和国家战略，武则天对这些非常感兴趣。这段经历几乎重新塑造了武则天，尤其是玄奘带来的域外视角让武则天开拓了眼界，培养了她以世界为思考尺度的宏大格局，玄奘把一幅亚洲地图装进了武则天的脑袋里，这是中国历史上的诸多帝王都无法接触到的知识。后来，正是在这幅地图的指导下，唐朝的影响力逐渐辐射到玄奘为武则天描述过的那些土地上，唐朝国土在她的时代达到了顶峰。另外，她从李世民那里学到了很多当天子的经验，特别是这位伟大的皇帝对唐王朝未来的筹划让她血脉偾张，她也未曾想到，那张蓝图终于在她的时代实现。

　　因此，这段陪护时期是武则天人生中最重要的转变期，她从一个普通的才人变成了胸怀天下的思想者。然而，命运在给人以梦想的时候，又会设置无数个障碍，只有勇敢的人才能闯过难关。

李世民驾崩，李治即位，作为前任皇帝的女人，武则天被安置在感业寺里，任青春在红墙里凋零。好在，她早已在宫中埋下了暗线，在陪护李世民期间，她与同样担任"护工"的李治谈起了恋爱，如今爱人分离，她知道那棵爱情之树正在野蛮生长，她只要静静等待开花结果的那一天。然而，等待的时间是漫长的，好在此前常常旁听玄奘讲经，她被大师的智慧折服。如今身在感业寺，那就当复习一下老师曾经讲过的功课。在感业寺生活期间，武则天积累了扎实的佛学功底，这也为她后来登上皇帝宝座提供了知识准备。

李治对武则天十分思念，但父亲尸骨未寒，自己不好立刻把她纳入后宫。登基之后的事情很多，等李治稳定帝位之后，就来到感业寺看望武则天。

武则天终于等到了心上人，她想念李治想得差点得了红绿色盲症，抱着自己的衣箱含泪说："看朱成碧思纷纷，憔悴支离为忆君。不信比来长下泪，开箱验取石榴裙。"文学的魅力就是这样，李治被武"才人"折服，搂着她进入了宫闱，武则天的逆袭之路开启了。

武则天有很好的学习天赋，她忘不了那个给自己思想注入灵魂的僧人。于是，她常常在李治请来玄奘问政的时候，就安静地坐在一旁，蹭玄奘的"思想课"。武则天对玄奘十分恭敬，她生李显的时候难产，玄奘为她祈福。李显顺利诞生后，她请玄奘为皇子剃度，赐名佛光王。玄奘信仰弥勒佛，武则天深受玄奘的影响，她从弥勒信仰中找到灵感，为后来自己成为皇帝找到了理论来源。

　　武则天作为中国历史上唯一一位女皇帝，她登基的时候面对着巨大的压力，这种压力来自一种叫"天命"的东西。君权神授是古代统治者解释自己权力来源的基本逻辑，在中国，人们把它称为"天命"。所谓"名不正则言不顺"，古代皇帝登基的时候，总要给天下人解释一下自己为什么命中注定是皇帝，对于像李治这种从父亲手里继承皇位的人来讲是最轻松的，"我爸爸是天子，我当然也是天子"。很不幸的是，武则天成为中国历史上解释这件事情最困难的人，因为古往今来的"天命"从来没有降临在一个女人的身上，武则天面临的压力可想而知。

　　好在，在中国从来不缺少会讲故事的人，她为了制造政治舆论，开始从各种故事中寻找女性当权的依据。武则天的男宠薛怀义首先在《大云经》中找到了"一佛没七百年后，为女王下世，威伏天下"的记载，用净光天女将君临一国的佛祖预言，为武则天登基制造舆论。之后，薛怀义和僧法明又作《大云经疏》呈给武则天，疏中甚至说，武则天就是弥勒下世，所以武则天"当代李唐，入主天下"。我们在前文讲过杨坚的套路，他在利用佛教作为宣传工具的时候，也借用弥勒下世的理论，很显然，武则天抄袭了杨坚的作业。

故事讲完之后，就需要演员上场了。《新唐书》中记载：载初元年（690）九月初三，关中耆老九百余人自发赶到洛阳，诣阙（叩拜宫门）说是要"请革命，改帝氏为武"。于是，武则天为了顺应天命和人心，于九月九日登基，改唐为周，定都洛阳（神都）。

为了感谢弥勒佛在登基时提供的天命，武则天在登基的一个月后就下诏，让洛阳、长安两京和天下所有州郡都要修建大云寺，塑弥勒像，藏《大云经》。在这样的形势下，全国都开始营造弥勒大佛，今天中国境内保存的古代大佛不少是唐代营建的弥勒佛，如乐山大佛、莫高窟第96窟大佛、榆林窟第6窟大佛等。

武则天为什么会选中弥勒佛作为自己的天命来源呢？佛经中记载，弥勒与释迦牟尼佛是同时代的人。后来，他跟随释迦牟尼出家，成为佛陀的弟子，释迦牟尼在八十岁涅槃，弥勒却比自己的老师涅槃得还要早。涅槃后，弥勒出生在兜率天宫内（道教老子住的兜率天宫是借鉴了佛教而来的），成为一位补处菩萨（即佛陀的继承者）。弥勒是释迦牟尼涅槃之后的下一尊佛，也就是佛教世界的下一任领导，他将在五十六亿七千万年后降生人间。正是因为弥勒佛是佛教世界的继承者，武则天就看到了弥勒佛的利用价值，所以宣扬自己就是弥勒下世，在她的统治下，弥勒世界就会尽早到来，弥勒信仰就在全国流行起来。

从上面的例子来看，玄奘对武则天的影响确实十分深远。作为玄奘事实上的弟子，在玄奘圆寂之后，她依旧继承玄奘弘扬佛教的志愿，在取代李唐王朝道教天命的目的的驱动下，佛教迎来了巅峰时代，玄奘的愿望终究被她实现了。

皇权的枷锁

作为与武则天同时在病榻前学习的李治，他也对玄奘十分倾慕。他除了让玄奘成为慈恩寺的住持之外，为了保存玄奘带回的佛经、佛像及舍利等珍宝，他命人在慈恩寺的西院营建佛塔，整座石塔仿照印度的舍利塔建造，这就是著名的大慈恩寺塔，现在的名字叫作大雁塔，已经成为西安的地标性建筑。

因为皇帝的支持，玄奘成为两朝的红人，朝廷里的官员为了能获得高宗皇帝的赏识，纷纷以学习佛法的理由前往玄奘那里拉拢关系。比如在永徽二年（651）正月，瀛州刺史贾敦颐、蒲州刺史李道裕、谷州刺史杜正伦、恒州刺史萧锐等官员进京述职，在忙完公事之后，他们专门前往慈恩寺请玄奘为他们受菩萨戒。朝廷的政治门派十分复杂，玄奘不能随意拒绝这些王公大臣，就在每日应付这种接待的过程中，消耗了大量的时间。

在李治时代的朝堂里，玄奘作为宗教领袖和政治顾问，是皇权和百官之间的黏合剂。随着皇家的支持和官僚们的崇敬日隆，玄奘的名望越来越高，这也为他招来了反对派的挑战。在中国历史上，道教与佛教一直存在竞争关系，毕竟中国的用户池就这么大，佛教用户多了，道教的用户自然就少了。玄奘来到长安后，因为其巨大的影响力，让本来被打压的佛教有了与道教分庭抗礼的实力，作为李唐王朝的国教，道教徒们不能接受这样的事实。为了打击佛教的发展势头，道教势力决定拿玄奘开刀，从玄奘翻译的文本中做文章，给佛教以重创。

道教徒一直在等待玄奘的失误，经过漫长的蛰伏，他们终于在玄奘归国十年后（655），找到了玄奘团队的破绽。原来，玄奘十分注重印度的逻辑学，翻译了《因明入正理论》和《因明正理门论》。面对这种新的学术理论，玄奘的弟子们展开了激烈的讨论和研究，并发表了很多论疏。弟子们的学术水平当然比不上玄奘，他们的论疏中存在不少缺陷。道教徒抓住机会，在思想界开始组织了一场公开的论辩，提出四十余条疑问，驳斥玄奘弟子的观点。掀起这次学术大讨论的阴阳家吕才，他是唐代的哲学家、思想家、音乐家、自然科学家，在天文、地理、医药、制图、军事、历史、文学、逻辑学、哲学、乐律等方面都有很高的水平，《秦王破阵乐》

就是他最具代表性的音乐作品。面对这样的天才，玄奘的弟子们自然不能抵挡。后来，这场学术官司一直打到皇帝跟前，李治敕令让群臣学士等人去慈恩寺，由玄奘与吕才当面辩论。如今，我们并不知道玄奘与吕才辩论的具体细节，历史仅仅留下了吕才"词屈谢而退焉"这几个字。看来玄奘依然像在印度的无数场辩论一样，帮助佛教渡过了难关。

作为出家人，玄奘本来应该远离红尘，但是，为了佛教的发展，他被迫参与到政坛的旋涡中，从红尘里为自己的信仰谋生路。玄奘为了能挤出更多的时间译经，他一生没有担任过朝廷的任何职务，绝大多数时间都在慈恩寺里躲避众人的叨扰。慈恩寺是李治为自己的母亲修建的皇家寺院，寺院里的各种杂事繁多，皇帝本人还要常常亲自过问，玄奘作为寺院的管理者常常忙得焦头烂额。另外，虽然西域已经成为大唐的国土，但西域之外的中亚和印度等地区的小国与唐王朝的外交更加频繁。玄奘作为唐王朝最了解这些地方国情的人，常常被皇帝召到宫里议事，虽然他还是个僧人，但却承担很多政务工作。无奈之下，玄奘只好在晚上抽出时间翻译经文，长安城的百姓每每都能在深夜中看到大雁塔里微弱的灯光。长期的熬夜，正迅速消耗着玄奘的生命，可玄奘仍旧不能停止。

玄奘在西行求法的途中，因跋涉雪山而受尽严寒，以致得了冷疾。每次冷疾发作的时候，身体里好像万虫撕咬，数年来多亏按时吃药，才算把病情给稳定下来。公元656年的夏天，关中的天气异常炎热，玄奘一时贪凉，以致感染了风寒，使得冷病复发，结果病情一发不可收拾。李治知道后，赶紧把宫里最好的御医派到玄奘的跟前去看病，经过全力抢救，玄奘才从鬼门关里挺了过来。五天后，玄奘大病初愈，专程前往表达谢意，李治责怪玄奘为了这桩小事而劳累。为了能让玄奘好好休养，李治把他请到宫里供养，这里有御医及时调理玄奘的身体，玄奘的身体状况暂时好转起来。

公元657年，李治移驾到洛阳，为了能每天见到玄奘，就令译经工作组搬迁到洛阳的翠微宫，这样就能随时见到玄奘了。洛阳城外百里处就是故乡，玄奘虽然是出家人，但父母的坟茔近在咫尺，离家多年的他想要为父母扫墓。离乡整整四十年，玄奘没有一日不想念故土，通过史料记载，我们知道亲人中只有玄奘的姐姐还在世，二哥陈素或许在玄奘归国前就圆寂了，他没有机会看到弟弟为佛教做出的巨大贡献。玄奘回到陈河村时，找到了嫁给张氏的姐姐，两人彼此都是这个世界上唯一的亲人了，一时悲喜交集。玄奘问姐姐父母所葬何处，随后两人一同前往父母坟前祭扫。玄奘眼见父母的坟墓年久荒颓，就决定另找一个地方重新营葬。迁坟需要时日，玄奘向李治上表请假，唐朝皇家以孝治天下，李治对玄奘的孝行十分支持，他以诏令命地方官员积极支持，玄奘所需一切费用由国家财政拨付。

父母是挡在我们与死亡之间的一道墙，玄奘改葬父母之后，对自己的生命感到深深的忧虑。如今，从印度带来的佛经还有很多没有翻译出来，但自己又常常被皇帝征召，困在政务之中无法脱身，曾经名震五印度的玄奘从来不贪恋皇帝给予的待遇和荣誉，他最向往的生活是独自在禅房里译经。玄奘预感到自己的时间不多了，为了能安心译经，他向皇帝请求归隐少林寺。李治当然不允许玄奘离开自己，因此断然拒绝。

或许是因为皇帝的拒绝，让玄奘的心情陷入低谷，长期的不得志导致他旧病复发，再次卧病在床。玄奘的地位等同于帝师，为了和这位皇帝的红人交好关系，京城里的达官贵人纷纷以探病的理由前来拜谒，病痛缠身的玄奘每天不堪其扰，身体愈发虚弱。李治忙完政务之后来看望玄奘，玄奘借机提出前往玉华寺译经的请求，李治不好让病榻上的老和尚伤心，也知道这里距离长安城不远，所以只好勉强答应。

玄奘圆寂

显庆四年（659），唐太宗的大舅哥、凌烟阁二十四功臣排名第一的长孙无忌自缢而死①。六十岁的玄奘怀着对老朋友逝去的悲伤和对政治斗争的厌倦走出了长安城，来到玉华寺专心翻译经卷。直到此时，他终于逃出朝廷的政治旋涡，实现了做一个单纯僧人的愿望。没有了政务的打扰，玄奘译经的速度明显加快，在人生的最后阶段，他终于过上了自己向往的生活。

就在玄奘离开一年后，李治的头风病发作，常常头晕目眩，导致不能处理国家大事，于是，武则天的机会来了。李治的头风病成就了后来的女皇武则天，因为这是一种时好时坏的慢性病，这让武则天有充足的时间了解政务和控制朝廷。如果李治患的是另外一种急性病，等皇帝驾崩之后，没有任何根基的武则天只能以太后的身份在深宫里荒度晚年。

李治的病成就了武则天，却害苦了玄奘。玄奘就像是唐朝皇帝生病时的职业护工，承担着他们的心理治愈的任务。李治生病之后，玄奘不得不时常停止译经工作，拖着年迈的身子跑到长安探望皇帝的病情。临床护工是十分辛苦的一份工作，这种高强度的工作很快拖垮了玄奘。

时间转瞬即逝，在玉华寺生活的四年中，玄奘虽然不分昼夜地译经，但也仅仅翻译了从印度带回经书的十分之一左右。玄奘

①　长孙无忌因为坚决反对高宗改立武则天为皇后，招致武则天的仇视，后被中书令许敬宗诬陷谋反，削爵流放黔州，被迫自杀。

译完般若经后，觉得自己身体大不如前，他知道时日无多，就向弟子提前交代后事说："我死了以后，葬仪一定要简单，只要用一张竹席将我卷好埋在偏僻的山水边即可。记住，千万不要靠近宫寺，我一生在淤泥中爬行，不要让我这身污浊的躯壳沾染了寺院的净土。"

从玄奘的这句话里我们可以看出他对自己的认识和世事的无奈，如果让玄奘遵从本心，他最喜欢的就是埋头于经书之中，参悟佛理。然而，对于玄奘而言，躲避在深山中独自修行实在是极为简单的事，但这种只顾自己觉悟，不愿普度众生的做法有违大乘佛法的教义。玄奘的终极目标是众生，所以他才不顾自己的性命，前往印度取得真经归来。取得佛经的玄奘清醒地知道，佛教的弘扬不是自己的力量可以完成的，在当时的天下，唯有皇帝才能做到这件事。因此，他必须抛弃自己喜欢或不喜欢的情绪，一头扎进政治的深水中，为佛教的发展寻找出路。正因如此，他纯洁的内心备受煎熬，这种心理上的巨大压力让玄奘常常寝食难安。

龙朔三年（663），玄奘旧病复发，身体日渐消瘦。就在病倒之际，高原上发生了一件大事，影响了唐朝此后的历史走向。

自松赞干布英年早逝，唐朝和吐蕃的关系陷入了风雨飘摇之中。由于松赞干布与文成公主没有生下子嗣，吐蕃新一任赞普是松赞干布年幼的孙子芒松芒赞，因为年龄太小，松赞干布临终前邀请他最信任的禄东赞辅政。作为带着文成公主入藏的媒人，禄东赞本来是文成公主最亲近的人之一，但等到禄东赞掌握实权以后，文成公主才终于看清了他的强势和野心。

禄东赞不仅是优秀的外交家，也是一位绝顶聪明的军事家，他一生的目标就是带领吐蕃走向强国之路。在松赞干布逝世之后六年里，他先后征服了洛沃（今阿里地区）、藏尔夏（今后藏地区）和白兰部（青海南部和四川西北部地区）。在消化了这些新领土之后，他又把征服的目光投向了唐朝管理下的吐谷浑地区。

在政治家的眼里，友情只是手段，当唐朝和吐蕃的友情阻碍了吐蕃发展的时候，是可以随意抛弃的。

659年，禄东赞对吐谷浑展开大规模入侵，前后用了四年的时间彻底灭亡吐谷浑。原本在青海湖畔守望着妹妹的弘化公主失去了家园，她只好向堂弟李治求援。最后，慕容诺曷钵与弘化公主带领着慕容家族的残部投奔凉州（今甘肃武威），回到了大唐故土。与此同时，居住在青藏地区的党项族也纷纷内附，他们在今天的甘肃和宁夏地区寻找出路，三百年后建立了著名的西夏王朝。

吐蕃的领土在禄东赞连续的军事行动下扩张了将近一倍，统一了整个青藏高原。此时，吐蕃已经和唐朝直接接壤，面对唐朝刚刚拿下的西域，禄东赞已经伸出贪婪的爪牙。自此之后，吐蕃成为唐朝的劲敌，以至于在安史之乱后，吐蕃侵占了西域和河西走廊，甚至一度攻陷了长安城，成为与唐朝比肩的大国。

麟德元年（664）正月初八，有一位高昌籍的弟子玄觉，他在夜里梦见一座雄伟的佛塔突然崩塌了，烟尘弥漫在长安城的上空久久不散。玄觉被这个梦惊醒，就前来请玄奘解梦，玄奘听后沉默良久后，告诉弟子说："这不关你的事，而是我即将辞世的预兆。"

众弟子听了玄奘的解梦，都十分担心。玄奘用自己的取经故事宽慰他们，并让他们不要围在自己的身旁浪费时间，众弟子只好各自散去译经。然而，令众人担忧的事终究还是发生了。

在第二天傍晚，玄奘出去如厕，在要跨过房后的小水渠的过程中，天黑路滑，不小心摔了一跤。玄奘取经时，曾跨过无数大江大河，如今，他却被一条不足脚掌宽的小水渠绊倒了。虽然只是一点皮肉伤，但玄奘这一跤却跌得昏迷不醒，直到正月十六日才苏醒过来。

之后的几天，玄奘和弟子们都梦到了很多奇怪的事。玄奘先是梦到一朵巨大的白莲花，接着又梦见成百上千的人来迎接他，山林里的树木全部变成了五彩缤纷的幢幡，门外堆满了罕见的供品，天空中还有飞天奏乐。后来，有僧人也梦见千尊金像自东方降临，来到了译经院内。

到了二月初四日的半夜，一直陪伴在玄奘身旁的明藏禅师看到有两个身高一丈多的人共捧着一朵白莲花，来到玄奘的床前。奘师抬眼看了一下，用右手支撑着头部，左手放在左腿之下，右胁而卧，不再说话了（佛陀涅槃形象）。

初五三更时分，守在床前的弟子大乘光见玄奘一动不动，他知道老师的愿望是往生弥勒的兜率天宫院内，所以噙着眼泪试探性地问："和尚决定得生弥勒内院否？"

玄奘回答："得生。"说完这句话，玄奘的呼吸逐渐微弱，不久就圆寂了。

二月初三，李治才收到玄奘因脚受伤而生病的消息，他急忙命御医带药前往玉华寺诊察。可惜御医迟了一步，赶到玉华寺时，玄奘刚刚圆寂。李治没有见到玄奘的最后一面，他万分哀恸地说："朕失国宝矣！"

后来，李治上朝时不觉泪流满面，以至于说不出话来。玄奘的离去令李治心如刀割，在极度的悲伤下导致头风病复发，为了整理情绪，他宣布罢朝三日，以示对玄奘的哀悼。

玄奘的安葬之地选择在白鹿原，这里因传说周平王迁都洛阳途中，曾见原上有白鹿游弋而得名。四月十四日是玄奘出殡的日子，李治为玄奘举办了盛大的葬礼，在前往白鹿原的路上，关中附近的百姓都来送葬，人数达到空前的近百万人。百姓们还依稀记得十九年前的那个上午，这位苦行僧从印度取得佛经归来的场景，如今，他再一次走出长安城，却再也不会回来了。

李治久久不能走出玄奘圆寂的悲伤，白鹿原是长安城南门外最大的黄土台塬，李治每次上朝前远望时，都能看到安葬玄奘的这块土地，这让他哀伤不已。为了避免他触景伤情，后来就将玄奘的坟茔迁葬到樊川北原，并营建寺塔纪念，可惜这座塔在后来的黄巢之乱中被毁坏，玄奘的坟茔也难觅踪迹了。

第十五章　玄奘塑造的中国

　　笔者用前面的文字讲述了玄奘波澜壮阔的一生，在本书的最后，我们很有必要对玄奘的贡献和影响做一次总结。

推动佛教的质变性发展

　　玄奘是一位佛教徒，所以我们首先谈谈玄奘对佛教发展的影响。

　　玄奘生活的时代是中国佛教发展的关键时刻。作为一个佛教徒，玄奘是幸福的，因为从他出生到净土寺出家的这十三年间（600—612），是隋代佛教发展到顶峰的阶段。玄奘在幼年时期亲眼见证了在隋朝两任皇帝的推动下，佛教发展的盛况。在这个阶段，玄奘是佛教发展的受益者，全天下的孤儿那么多，如果不是发达的寺院经济，寺院无法承担玄奘出家前的食宿。

然而，玄奘成年后，佛教遭遇了重大的打击。先是隋末唐初持续了多年的乱局打断了佛教井喷式的发展，无论是僧侣还是百姓都流离失所，玄奘就是其中的一员。紧接着，李唐王朝尊奉老子为先祖，道教成为国教，严重挤压了佛教的生存空间，佛教在唐朝的发展处处受限。

玄奘归国后，凭借着印度取经的声望，委身于皇家的屋檐下，谋取佛教发展的机会。我们知道，触及一个人的灵魂是最难的事，更何况是唐太宗这样创造伟大功业的理性帝王。然而，玄奘却以个人的魅力，用润物细无声的力量改变了唐太宗的思想，让他从一个佛教的反对者变成佛教的支持者，让本来萎靡不振的佛教重新焕发生机。

当然，玄奘对佛教的推动作用不限于他生活的时代和国家。在时间上，他的思想深刻地影响了唐高宗和武则天，以至于在武则天时期，佛教取代道教的国教地位，迎来那个他想象过的盛况。在空间上，各地的僧人都因为仰慕玄奘的智慧而前来京城学习，他们学成之后又把成果带到了全国各地，激发了各个地区的佛教发展。玄奘的影响不仅仅局限在国内，他的弟子圆测原本是新罗国的王孙，精通梵语、汉语、吐蕃语等六种语言，是玄奘最优秀的弟子之一。他回国后，把中原佛教的成果传到了朝鲜半岛，日本又通过百济接收到这些佛教成果，促进了佛教在东亚的传播。

　　玄奘一生最主要的活动就是取经和译经，他用了19年的时间从印度取来657部原始佛经，又用了19年的时间翻译了75部计1335卷佛经。那么，这些佛经对佛教的贡献是什么呢？

　　宗教是由一种意识形态主导下的社会团体，因此，任何一个宗教都必须有持续产生思想作品的能力，这是宗教发展的原动力。佛教对于中国而言是一种外来宗教，所以制约其发展的最大问题在于所有的原始经典都在域外，为了给中国佛教提供发展的思想原料，一种叫取经的职业诞生了。当那些历史上的取经人把原始经典取来之后，这些珍贵的经典就会变成中国佛教的思想原料，僧人们围绕着经典不断讨论，从而形成佛教的三藏之一"论"。这个过程类似于考古学家挖汉简的过程，如果梵文佛经是取经人从印度挖来的"汉简"的话，这些论就类似于今天的学者们的学术论文，如果没人去印度做考古发掘，这门学术就进行不下去了，这就是历史上那些取经人冒死取经的原因。到了玄奘的时代，南北分裂了三百多年，社会的动荡让人无暇去印度取经。即使是大一统的隋朝，陆上丝绸之路被突厥截断，取经人出不了关，自法显从印度取来大量经典之后，中国佛教已经数百年没有引进大宗的新原料了，这才导致出现了玄奘在青年时期看到的各类"盗版教科书"。

了解了这个背景，我们也才能理解玄奘取经对佛教的意义。玄奘不顾个人安危，不惜身负通缉犯的大罪，逃出边关西去取经，带来657部原始佛经，这比此前中国取经僧带回佛经的总和还要多。因此，玄奘为濒临枯竭的中国佛教带来了丰富的思想宝库，后来的僧人们围绕着玄奘带来的这些佛经进行讨论、辩论、著述，从而促进了佛教思想的巨大进步，形成唐代佛教流派百花齐放的井喷时代。

最后，玄奘是法相宗的奠基人，他为中国人带来了"逻辑"。

中国哲学起源很早，在世界哲学史上独树一帜。分析中印哲学的区别，我们会发现自先秦以来的诸子很少围绕本体论和认识论进行讨论，致使中国哲学的主要内容是社会学。儒家在汉代成为官方学派之后，中国盛行的是类似于《论语》这样的伦理格言，用礼教指导人的行为规范，使哲学陷入到社会伦理的范畴中。因此，中国传统哲学领域的"逻辑学"极度缺失，"重格言轻逻辑"是中国古代哲学最为致命的弱点。

玄奘幼年接受的是儒家教育，在取经之前曾云游各地，学遍八方，因此对佛经译本良莠不齐的现象认识得十分深刻，同时也发现了中国传统哲学的局限。因为深知中国哲学的缺陷，玄奘在印度求学期间，十分关注印度佛教中的逻辑学，即因明学。经过长期的训练，玄奘成为那烂陀寺首屈一指的逻辑学大师，凭借其严谨的逻辑思维，使他在辩论中从未遇上敌手，征服了整个印度佛教界，获得了印度逻辑学最高的荣誉称号"大乘天"和"解脱天"。

玄奘回国后，十分关注中国逻辑学的发展，汉传因明的体系是玄奘一手建立起来的，代表性事件就是玄奘创立的法相宗。法相宗是中国所有学派中逻辑最为严密、理论体系最为发达的派别，它具有鲜明的古印度哲学的色彩，堪称是佛教所有宗派中最具经院哲学色彩的派别。法相宗的创立是玄奘建立中国佛教逻辑学的探索，关系到中国学术界的转变和未来，他力图转变的不仅是中国佛教界自魏晋南北朝以来的衰落与分歧，还有整个唐朝初年甚至是中国历史上一以贯之的学术缺陷。

然而，中国佛教历来注重世俗化，以获得最广大的受众为主要目的，法相宗繁复缜密的逻辑推理过于深奥，这就把大部分人拒之门外。就算是在知识分子阶层，必须经过严格的逻辑学训练才能入门，这样的高门槛的宗教体验会让绝大多数人丧失兴趣。因此，法相宗的逻辑学自窥基大师之后就逐渐失传了。

虽然玄奘的这次探索以失败告终，但就是因为它在中国历史上的昙花一现，让后来者都记住了这朵美丽的"思想昙花"。

增扩了中国文化的海洋

玄奘的晚年是在翻译佛经中度过，在长安和洛阳两地，在助手们的帮助下，共译出佛教经论74部，1335卷，每卷万字左右，合计1335万字。仅从数量上对比，玄奘团队翻译的经文占整个唐代译经总数的一半以上，而时间仅仅用了19年，是唐代历史的十五分之一。我们知道，鸠摩罗什、真谛、玄奘和不空并称为中国古代四大译经大师，其中，玄奘翻译的经文是最多的，其总量相当于另外三大翻译家译经总数的一倍多。

玄奘不仅学贯中外，而且梵文造诣精深，再加上其超高的文学水平，使其翻译出来的语句非常精确，质量上大大超越前人，成为翻译史上的杰出典范。玄奘译经水平极高，曾参与玄奘译场的道宣法师在《续高僧传》中记载说："今所翻传，都由奘旨，意思独断，出语成章，词人随写，即可披玩。"在他的主持下，译经团队纠正了旧译的很多错误。玄奘成为佛教翻译史上重要的分水岭，后人称玄奘直译的经文为"新译"。玄奘的新译并不赞成采取过分看重文采的意译方式，而是强调译文的忠实、精准，他提出的"五不翻原则"为此后中国的翻译事业奠定了基础。

第一，"秘密故不翻"，比如"陀罗尼"一类的秘密咒语。

第二，"多含故不翻"，比如"薄伽梵"一词意义丰富，有自在、炽盛、端严、名称、吉祥、尊贵六种层次不同的意思，而其中任何一个意思，都无法全面地表达"薄伽梵"的词义，因而不翻。

第三，"此无故不翻"，比如阎浮树，中国没有，因而保留原词。

第四，"顺古故不翻"，如"阿耨菩提"，虽然这个音译词实际上可以进行翻译，但是古来的译师一直如此使用，读者已经习惯，翻译的话反而容易引起歧义。

第五，"生善故不翻"，比如"般若"一词内含敬意，而如果直翻为"智慧"，则失去了这一层尊重，因而不翻。

正是因为他的"五不翻原则"，在音译的过程中创造了很多新的汉语词汇，这些词汇经过后人的频繁使用，逐渐进入了中国人的语言习惯中，丰富了汉语世界，这是了不起的贡献。

除了建立翻译的标准之外，玄奘对中国翻译学更重要的贡献是制度建设。玄奘知道，许多事情要干成，个人的力量都十分有限，只有完备的制度才能让译经工作取得更快进展，这也是玄奘之所以在译经大师中一骑绝尘的原因。他在皇家的支持下组织了规模宏大的译场，其设置之完备，远非前代可比。为了提高译经的效率，玄奘制定了严格的译场译经流程：

第一，译主：就是译场的主要负责人，必须精通梵文、汉语以及各种经论义理，负责解决翻译中的疑难等，主导译经工作。

第二，征义：是译主的助手，协助勘定已译成的文字是否符合梵本原意，保障正确。

第三，证文：也叫作证梵本，在译主宣读梵本时，检查是否与梵语原文相出入。

第四，书手：一称度语，把梵文改写作汉文。

第五，笔受：把梵文意义翻译成汉文的意义。

第六，缀文：对翻译出的文字进行整理，以使其符合汉语的语法结构。

第七，参译：校勘原文是否有错误之处，并用译文反过去对证原文以进行检查。

第八，刊定：刊定译成的字句，去除繁杂冗余的内容，使其简洁明白。

第九，润文：对译成的文字进行再加工，保证流畅以利于阅读。

第十，梵呗：翻译完成后以梵音唱念，修正音节来方便传诵。

通过以上种种制度建设和行业规范的制定，玄奘在有生之年翻译出了大量佛经。作为取回这些佛经的人，他从来不会像学阀一样把这些珍贵的思想材料独占；佛经翻译出来之后，他积极争取皇家的支持，雇用抄经人将佛经抄写出来，流传四方。

在玄奘取经归来之前，由于佛教经典的杂乱和缺乏，佛教思想与其他中国传统思想之间的交流比较缓慢。玄奘翻译出大量佛经之后，这些经典成为投入中国文化海洋的一批新的精神财富，它们与中国传统的文化相互碰撞融会，促进了中国传统文化核心儒释道三家之间的交流。经过几十年时间的发酵，终于在盛唐时期塑造了大唐文化的独特魅力。

除此之外，为了完成唐太宗的外交任务，玄奘还翻译了大量道家和儒家的经典，使者们把这些文化经典带到印度及其他丝绸之路沿线国家，加快了中国文化与域外文化的交流。王玄策的出使，是中国文化经典第一次由官方的推力走向南亚，使中国最具代表性的思想开始参与到其他文明的思想建设中。与此同时，玄奘精准的翻译，让汉语和梵文之间架起了可以标准对话的语言桥，促进了文明之间的平等对话。

开辟了新的丝绸之路

唐代是古代陆上丝绸之路最鼎盛的时代，人们围绕着这条路进行商业贸易和文化交流，促进了亚洲地区各个文明的发展，其中最耀眼的成果就是灿烂的大唐文化。玄奘取经是丝绸之路历史上的大事件，他在西域不通的情况下，从长安出发，冒死穿过封闭的关卡，经过沿途国家的帮助，最终抵达印度。在唐初各国敌对的国际环境下，玄奘用自己的个人魅力撬开了国家之间交流的壁垒，让沉寂了数百年的丝绸之路再一次解冻，为后来烈火烹油的盛唐时代奠定了基础。因此，从这个意义上讲，玄奘对于陆上丝绸之路的贡献丝毫不弱于博望侯张骞。

除了重启从长安出发，经过河西走廊、西域，抵达中亚和南亚的丝绸之路之外，玄奘无意间还开辟了高原丝绸之路。数百年前，张骞达到中亚时，在市场上竟然看到了"蜀布"，张骞询问之后得知这些布是大夏商人到身毒（古印度的别译）进的货。由于当时河西走廊和西域还在匈奴的控制之下，这个发现让张骞欣喜若狂，由此推测应该有一条从蜀地到身毒的商路。后来，回到长安的张骞把他开通西南道的设想献给了汉武帝，汉武帝因此而构想出对匈奴的战略反攻，即"中原—蜀地—身毒—大月氏"这条包围圈。汉武帝命张骞探索前往身毒的快速通道，却被西南民族部落阻挡，导致计划失败。最终，张骞没有实现的愿望被玄奘实现了。

玄奘抵达印度后，引发了戒日王对唐太宗的倾慕，中印两个大国开始彼此吸引。更加幸运的是，吐蕃王朝的赞普松赞干布此时刚好成了唐太宗的女婿，通过文成公主居中调节，高原丝绸之路正式开通。这条路从大唐的首都长安出发，沿途经过了吐谷浑、吐蕃、泥婆罗、印度等国家和地区，是一条既安全又便捷的快速通道。互联网时代的我们都知道在信息交互中"带宽"的重要性，高原丝绸之路加快了文明之间对话的效率，从而引发了这条路沿线国家和地区的重大变革。与此同时，随着时代的发展，丝绸之路的利好开始普惠七至八世纪与这条路相关的人。

在空间上，玄奘拓展了西域丝绸之路和高原丝绸之路，开拓了丝绸之路的宏大格局。在时间上，玄奘对丝绸之路的贡献至今仍旧发挥着作用，这就是玄奘的伟大之处。玄奘最著名的作品就是那本《大唐西域记》，他将自己在旅行中所亲身经历的一百多个国家的山川形势、历史沿革、风土人情、信仰物产等写成书。在古代历史上，穿行过丝绸之路的人不少，但为什么玄奘如此之重要呢？因为玄奘手里除了锡杖之外，还握着一支笔，他是丝绸之路的记录者。他的著作让散布在丝绸之路上的人和事在贞观年间被串联起来，从而构成了丝绸之路大历史的整体轮廓，东亚、中亚和印度等地区的历史面貌在玄奘的记忆中也变得清晰起来。

我们知道，印度虽然曾经创造了辉煌灿烂的文明，但是古代印度却不怎么注重历史的记录，再加上原本就十分有限的史料中掺杂着大量的神话传说，这使得古印度历史的真相更加扑朔迷离，无从考证。在相当长的一段时期内，印度人甚至不知道自己的国家曾经有过怎样辉煌的过去，连马克思都要不禁感叹："印度社会根本没有历史，至少是没有为人所知的历史。"（《不列颠在印度统

治的未来结果》)

　　面对这样的历史研究现状,《大唐西域记》成为研究中亚和印度、尼泊尔、巴基斯坦、孟加拉、斯里兰卡等国古代历史地理以及从事考古工作的重要资料,对中亚和南亚国家的历史考证提供了巨大帮助。尤其是在印度的考古学界,《大唐西域记》成为必备的工具书。学者们根据这本书的记载,发现了鹿野苑、菩提伽耶、库什那迦、兰毗尼、那烂陀寺、阿育王塔等众多佛教圣地和数不清的古迹。

　　除了对域外国家的考古有重大意义之外,有关于玄奘的《大唐西域记》和《大慈恩寺三藏法师传》等书籍对中国的考古学同样有着重大意义。如在唐代历史上,玉门关的位置一直难以确定,因为玄奘当年与石槃陀偷渡玉门关的经历,我们最终确定了唐玉门关在瓜州的事实①。另外,笔者进行佛教石窟考古的时候,发现榆林窟的开凿与玄奘取经有着密切关联,通过对玄奘取经故事的梳理,从而确定了榆林窟开凿的时间②。正是因为玄奘记录的翔实,成为我们研究中国境内丝绸之路上的物质文化遗产的关键线索,为中国考古学的发展提供了重要佐证材料。

---

① 邢耀龙:《唐诗中的玉门关线索归辑》,待刊。
② 邢耀龙:《榆林窟的开凿研究 —— 从玄奘取经图谈起》,载《榆林窟:敦煌艺术的第二巅峰》,西安出版社2023年版,第18—29页。

玄奘的故事流传到今天，其最大意义是连接作用。新的时代下，丝绸之路沿线国家开始围绕着"丝绸之路"展开新的交流与合作，玄奘取经的故事自然成为丝绸之路各国与中国展开合作的破冰故事。玄奘取经时，与沿线的各个国家都建立了良好的关系，千百年之后，他的故事仍旧拥有磅礴的生命力，唤醒了新时代中国与丝绸之路沿线各国的友谊。

七世纪历史的亲历者

历史上的玄奘做出了很多贡献，包括对历史本身的重大影响。然而，在讨论玄奘的贡献的时候，人们往往会忽视玄奘对中国历史乃至世界历史发展的巨大影响力，这是为什么呢？

我们首先会想到的一个原因是《西游记》。作为中国四大古典小说名著之一，《西游记》成为中国人家喻户晓的文学作品，是绝大多数中国人童蒙时期的读物，构建了孩子们对唐代历史和唐僧最初的认识。正因唐僧的形象实在太深入人心了，所以玄奘的真实历史一直被困在唐僧的外壳之中，构成中国人对玄奘最初的印象：碎碎念、羸弱、没本事。如果不阅读最原始的史料，我们很难想象《西游记》中唐僧的历史原型对中国历史有着怎样的影响。

就算回到唐朝，当时的人也对玄奘的历史作用不够重视。在中国古代历史叙事中，一个人进入了"二十四史"代表了其对中国历史的影响力。正史中对于人物的记载包括帝王的"本纪"和王公大臣的"列传"。有的"传"不是只记载一个人物，而是几个人或同一类人的合传。在"类传"中有一类人物叫"方伎"，用来记载民间有特殊技能的能工巧匠和宗教人士，玄奘就被记录在这个墙角旮旯里。因为玄奘佛教徒的身份，时人仅仅把他当作皇帝的心理老师，类似于李白一样皇帝随用随到的"待诏"身份，在当时的官僚系统中这是微不足道的虚职。在古代的官场，最受人鄙视的就是那些因为与皇帝本人关系亲密而获得升迁的人，例如功勋卓著的卫青仅因为是汉武帝小舅子的缘故，就被写进了《佞幸列传》里。玄奘的历史的作用被忽视，也有这种原因。

出于以上原因，我们很有必要考一次古，在故纸堆里对玄奘的历史做新的梳理。

首先，玄奘是隋末唐初中国历史的亲历者。玄奘出生于公元600年，那一年杨广终于取代杨勇，坐上了太子的宝座，这一年决定了杨广后来会成为隋帝国的皇帝，是中国历史极为关键的一年。之后，从隋炀帝登基到隋朝灭亡的时间里，玄奘既是隋朝佛教盛世的获利者，也是隋末乱局的受害者，作为隋炀帝治下的百姓，隋炀帝时代的政策持续作用在玄奘的身上，塑造了他颠沛流离的人生。隋末唐初天下大乱，他作为一个云游的僧人，目睹了洛阳城的战火、大唐的新生、益州天府之国的安逸和中原战场的一片焦土。在学习历史的过程中，笔者十分关注那些具有移动性的人，正是因为他们的移动，让他们成为历史的见证者、参与者和塑造者，玄奘就是这样的一个人。隋末唐初是中国历史发生重大变革的阶段，在当时的历史中，玄奘宛如一个记者，他走遍大半个中国，在第一历史现场记录了变革中的唐朝。中国古代历史的叙事主题是王侯将相，而玄奘作为一个被时代裹挟的老百姓和小人物，用他的眼睛记录了一个更加真实和底层的大唐，一定程度上填补了正史的空白。正是因为他翔实的记录，让我们能够了解灿烂的大唐是在怎样的一片混沌中诞生的。

其次，他的取经行动牵动了七到八世纪的历史进程。在玄奘取经之前，也曾有无数个取经人远赴域外取经，然而，他们并没有引起历史的巨大变动，这是为什么呢？综合分析历史上的取经行动，你会发现玄奘的取经借用了大量的官方资源，从而撬动了国家与国家之间的互动。正是因为玄奘来到印度取经，引发了戒日王和唐太宗之间的对话，中印之间的交流又把中间的吐蕃纳入进来，让原本落后的吐蕃王朝借用便利的交通吸收东西两国的发展红利，嫁接到两国发展的轨道上来，实现了国力的迅速提升。唐太宗原本的计划是实现汉武帝沟通大西南的设想，形成中原 — 吐蕃和印度的外交桥梁。纵观当时的条件，吐蕃和吐谷浑是大唐的女婿之国，戒日王则是唐太宗的粉丝，大唐占尽优势。然而，这样的大好形势在十年后相继崩解，先是647年戒日王逝世，印度陷入内乱，之后是唐太宗和松赞干布接连逝世，大唐和吐蕃的关系疏远。因为玄奘普及的国际知识和频繁的外交，吐蕃对域外的世界已经有清晰的认识，印度衰弱之后，唐朝成为新的假想敌。在当时，如果不是唐太宗得到玄奘带来的西域情报后立刻在西域用兵，吐蕃很可能会先一步抢占西域。更令唐太宗想不到的是，吐蕃会在一百年后乘中原发生的安史之乱，一举攻下长安城。

最后，玄奘以其人格魅力影响了李世民、李治、武则天、李显等人，其思想照亮了唐代初期最耀眼的一批人。因为中国地图学的落后，古人在很长的一段时间内困在先秦时期形成的九州体系里，以中央王朝和四方蛮夷的地理结构理解世界，对更远的域外一无所知，宛如局限在一个伸手不见五指的黑屋子里。玄奘归国之后，用他的脚步和见识勾勒了不以中国为中心的"世界地图"，让古人走出中原王朝中心论的偏见，开始用更广阔的视角观察当时的世界。见识这件事实在是太重要了。其中影响最深远的是那些与玄奘生活在同一时代的帝王将相们。通过阅读玄奘的著作，唐朝初年的统治者们即使身处在长安城的宫墙里，也能知道万里之外的山川形势和人民物产，他们开阔的国际视野已经超越了当时其他地域的君王，从而在顶层就打造了唐朝开放包容的态度。俗话说"掌握了信息，就把握了时代的脉搏"，只有知道远方有什么，人才会收拾行囊，积极进取。这种精神气质由上至下的传递过程中，塑造了唐朝进取的精神内核，影响了唐朝历史的发展方向。

孕育中华民族共同体故事原料

前面我们讲述了玄奘的对历史的影响，这一点常常是被我们所忽略的。然而，玄奘身上还有更为重要的一点被我们忽略，那就是他对中华民族共同体的塑造作用。

在本文的写作过程中，玄奘的生平部分笔者主要根据的文献是《大慈恩寺三藏法师传》，它的作者是玄奘的弟子慧立和彦悰。《大唐西域记》只从高昌以后讲起，而这本书详细记载了玄奘出生到取经的全部经历，是《大唐西域记》重要的补充。因为这本书由玄奘的弟子和同时代的高僧写成，因此可信度极高，一直被认为是研究玄奘的第一手资料。

1930年，在新疆出土了三百多页的回鹘文写本残卷，学者们翻译之后终于知道了这些残卷上书写的内容，即回鹘文本的《大慈恩寺三藏法师传》。那么，回鹘人是怎样的一群人，他们为什么会把《大慈恩寺三藏法师传》翻译出来呢？

回鹘原来属于北方草原民族铁勒的一支，最早的驻地在贝加尔湖畔。隋唐初期称回纥（hé），成为突厥汗国的奴仆。隋唐王朝与突厥的关系就像汉与匈奴之间的关系一样，回纥不堪忍受突厥人的压迫，于是与唐军联合起来攻打突厥人，成为唐王朝最信任的战友。公元744年，回纥在漠北建立了汗国。安史之乱爆发后，唐王朝军队中的精锐已损失殆尽，名将郭子仪建议向回纥求兵，回纥帮助唐朝平定了安史之乱。

公元788年，回纥改名为回鹘。统一草原的回鹘开始了新一轮的横征暴敛和无道统治，激起了附属部落黠戛斯的反抗。回鹘在公元840年灭国，余部散入中国各地。晚唐时期回鹘人主要集中在敦煌的归义军政权东西两侧，东部盘踞在张掖的是甘州回鹘，西夏人占领河西走廊之后，他们隐入祁连山，逐渐演化成今天甘肃省最独特的裕固族。西部回鹘人以高昌（今新疆吐鲁番）为中心，建立了高昌回鹘政权。

回鹘人往来于五代以后萧条的丝绸之路上，使陆上丝绸之路焕发出新的生机。回鹘人的语言也影响深远，蒙元帝国曾以回鹘字母拼写蒙古语，成为回鹘式蒙古文，而满文也借鉴了回鹘式蒙古文字母。

历史上保存下来的回鹘文文献比较多，敦煌藏经洞和新疆吐鲁番等地是主要的出土地。回鹘文文献《大慈恩寺三藏法师传》是世界上的孤本，是由别失八里（今属新疆维吾尔自治区吉木萨尔县）的胜光法师于10世纪上半叶翻译成回鹘文。

《大慈恩寺三藏法师传》是玄奘个人的传记，并不是每个僧人都要学习的教科书 —— 佛经，回鹘人为什么要把这本传记翻译给回鹘语世界的人阅读呢？究其根源，除了回鹘人仰慕玄奘的原因之外，还因为玄奘本人在当时代表了中国佛教文化的正统。

玄奘作为中国历史上最著名的取经人，他在唐代及以后成为佛教符号化的一个人物。宋代，随着佛教传播的时间越来越久，各地对佛经的翻译也是五花八门，佛经再次出现了大量的印刷版本和翻译版本，在众多的版本中究竟哪一本才是正版佛经教科书呢？当时人们普遍认为玄奘从印度带回来的才是真经，他翻译的版本才是正版，于是，当时的寺院纷纷宣扬自己藏经阁里的经书就是当年玄奘带来的真经，并且在寺院里画玄奘取经的形象来佐证。

这一点在中国的石窟寺中就能找到直接的证据。在敦煌石窟的榆林窟和东千佛洞中，出现了大量西夏时期绘制的玄奘取经图，在陕西省延安市子长县的钟山石窟中出现了北宋的玄奘取经石刻，在陕西省富县石泓寺石窟出现了金代的玄奘取经石刻。这些有关于玄奘取经题材的出现，真实地反映了当时人对玄奘的追捧。

在争夺"玄奘品牌"时，南宋认为自己在南渡时把玄奘带回的经典都带到了南方；金国认为自己占据了长安和洛阳，这里都是玄奘译经的圣地，保存了玄奘大量的真经；西夏则拥有玄奘取经时走过的整条河西走廊，还有瓜州石槃陀的故事，所以认为这里的佛教才是玄奘的真传。

随着各国依托玄奘鼓吹自己的佛教中心，玄奘的信仰流行起来，玄奘取经的故事也开始从历史进入到光怪陆离的文学世界中。当全天下人开始谈论玄奘的智慧和经历的时候，在当时崛起的市民文化在口头创作中，玄奘的取经故事也变得丰富起来。

西夏壁画里的石槃陀变成了猴行者，金国关于玄奘取经的戏曲里开始出现神魔鬼怪，而南宋的《大唐三藏取经诗话》里猴行者已经为帮助三藏法师取经而大显神通。玄奘取经的故事在元代的戏曲和民间传说中更是变得十分丰富，明代的吴承恩总结前朝的成果，最终创作出了中国四大名著之一的《西游记》。

从《西游记》的诞生过程中，我们可以看到这并不是吴承恩一个人完成的，而是从玄奘取经的那一刻开始，直到明代将近九百年的民间创作的成果。尤其是在宋代，西夏的党项人、辽的契丹人、金的女真人与两宋的汉人共同参与到玄奘取经的想象中，从而创作出了一个精神世界里的"西游宇宙"，这是当时中华大地上所有民族的想象共同体。

宋代是中华民族共同体逐渐形成的重要阶段，宋、辽、西夏、金等民族政权的对话越来越频繁。当一个地域内的所有人都围绕着一个文化符号开始想象和创作的时候，所有人也就身处在同一个精神世界里。所以，玄奘取经图在整个中华大地上的普遍出现，代表着中华民族这个共同体在中国人的精神世界里开始孕育。

后　记

　　作为一名历史作者，笔者常常会把自己放置在自己的作品中，为什么会用这样的写法呢？原因是笔者一直坚持"历史塑造的最伟大的作品就是一个个具体的人"的历史观 ①。历史的意义在于抵达，只有把笔者本身当作认识历史的尺度，才能让人们理解那些过去了的老故事对今天的个体生命塑造的样子。

　　另外，自司马迁开始，中国历史作品的书写往往会有一段作者的个人总结，局外人会认为历史讲求客观的记录，作者主观的情感是对历史的一种破坏。然而，只要你学习历史，你就知道历史的真相宛如河流里的一滴水，早在历史发生的那一刻就离我们远去了。"道可道，非常道"，每一个记录者的文字都不可能完全等于历史的全貌。当一个历史作者敢说自己的文字就像上帝一样，

---

①　邢耀龙:《敦煌大历史》。

冷静地旁观着历史的演进，这该是多么狂妄的一件事。因此，中国历史上的史学家们之所以把自己的生命情感也记录其中，是为我们提供了当时的人怎么看待这件事的视角。这个视角极其重要，因为历史学家们往往是当时那个时代最善于观察当下的人，我们阅读他们的作品的时候，获知的是当时人看问题的方式，一个时代的人"思考历史的角度"也是历史的重要组成部分。正是出于这样一个原因，笔者打算把自己当作这个时代的一个个体标本，把笔者与玄奘的故事和盘托出，等21世纪之后的人读到这本书的时候，他就能通过文字瞬间穿越在笔者的身上，获知这个时代对玄奘的看法。

笔者小时候生活在黄土高坡上，那里是秦人的崛起之地，残破的秦长城里蕴藏着丰厚的历史和孟姜女的哭声。家乡的文娱活动非常贫乏，好在这里是秦人的故乡，秦腔和皮影戏构成了生活最精彩的部分。

父母们终年劳作，十年九旱的土地也仅仅能维持一家人不饿肚子，学前教育自然是无从谈起。在文字和图画十分稀缺的年代里，皮影戏的光影构成了童年最富好奇心和想象力的部分。对于一个男孩子来讲，戏里的孙大圣是想象世界里的英雄，为了秋收大戏，村里的男孩子都拿着棒子练习着棍法，鼓着劲，只为扮演齐天大圣的角色。可惜我幼年缺钙缺得厉害，天生与梦想中的角色无缘，每次只能担任小猴子的角色。

虽然在村子的舞台上无法实现愿望，但聪明的父亲总会在自己的小家里保护孩子的想象力。在腊月一个飘雪的早晨，泥瓦匠父亲从远方打工归来，除了包工头的几张白色的欠条外，还有一个猴王的面具。那是我人生中的第一份礼物，戴上面具之后，聚氯乙烯的刺鼻味道让我十分兴奋，在雪地里奔跑的时候，就全然进入到自己的西游宇宙了。

上了小学之后，文字成为认识世界的重要工具，那时候总觉得这是太白金星的安排，在上学的路上，一位卖小人书的摊主适时地出现了。为了能够得到那本心仪的《西游记》，我去给刚失恋的数学老师交作业本的时候，从他的门口偷走了几个绿色的啤酒瓶，至今想来都惭愧不已。那时候，啤酒瓶换钱是唯一能获得货币的途径，三两个酒瓶就能换来那本书，这买卖值了！

在幼年时代，我一直沉浸在对孙悟空的喜爱中无法自拔，唐僧则是被忽略的人物，宛如我们今天忽略他的意义一般。后来，父亲买了村里第一台长虹牌电视机，那是全村的孩子们第一次看到"活着的"孙悟空。即使到了今天，我仍旧难以形容那个场景对一个孩子的震撼。然而，唐僧是令人失望的，他除了长相俊俏之外好像一无是处，姐姐们虽然常常会谈起御弟哥哥的八卦，但没有一个男孩子会喜欢这样的大唐高僧。电视剧里的唐僧几乎是我们那个时代对玄奘最早的印象，之后，我们进入了需要好好学习的中学阶段，所有与学习无关的东西都被剪除，日子寡淡得像被煮开了十八次的凉白开，玄奘几乎完全消失在生活之中了。

> 我们从古以来，就有埋头苦干的人，有拼命硬干的人，有为民请命的人，有舍身求法的人 …… 虽是等于为帝王将相作家谱的所谓"正史"，也往往掩不住他们的光耀，这就是中国的脊梁。

在枯燥的中学时代，鲁迅先生在《中国人失掉自信力了吗》中的这段话为我带来了深深的震撼 ——"舍身求法"的人最典型的代表就是玄奘。鲁迅几乎是所有文学悸动时的青年的偶像，在他看来，那个婆婆妈妈的唐僧竟然是中国的脊梁，这个观点让一个十几岁的少年大吃一惊，难道历史上的唐僧还有另外一副面孔吗？真实的唐僧究竟是怎样的一个人，这些问题已经出现在少年的生命之中，但在奋战中考和高考的年代里，这些与考试无关的问题成为学习的禁忌，被成堆的试卷掩盖在了内心深处。在人类社会中，那些悬而未决的问题具有磅礴的生命力，人类就是在探寻这些问题的答案的过程中，推动着人类社会缓缓向前，这个规律对于一个生命个体而言同样适用。关于玄奘的问题恰如我生命中的一颗种子，当我来到玄奘走过的戈壁滩上时，它开始在我的生命中野蛮生长。

大学毕业时我是班级里最幸运的一个，离开学校的第二天就在瓜州县文物局上班了，就在这里，我与玄奘再次相遇。在瓜州县文物局工作期间，我的职务是项目办公室主任，当时手头有一个项目，就是玄奘取经博物馆的建设项目。这是全国唯一的一座以玄奘取经为主题的博物馆。在完成这个项目的过程中，我第一次接触到了历史上的玄奘。尤其是站在玄奘曾经和石槃陀相遇的那座寺院前，看着残破的佛塔，我顿时止不住地流泪。自那次之后，我知道，自己终于要跟真实的玄奘相遇了。

后来，我和文物局的老局长在瓜州县策划举办了"第五届玄奘文化国际学术研讨会"，全国乃至世界各国研究玄奘的学者纷至沓来，让我接触到了最丰富的玄奘研究成果。从此，玄奘研究进入了我的学术生命之中。

作为瓜州的新移民，安土重迁的我本来十分讨厌这里的荒凉，但这里俯拾皆是的玄奘遗迹让我逐渐喜欢上了这里。这里有玄奘居住过的锁阳城、有玄奘讲过经的寺院、有玄奘喝过水的葫芦河、有玄奘偷渡过的玉门关。一千多年前，这里的人为玄奘取经做出了巨大的贡献，甚至，这里还保存着最早的玄奘取经图，记录了玄奘经过瓜州时那些惊心动魄的故事。

西夏时期绘制的玄奘取经图保存在榆林窟和东千佛洞里，在全国所有的玄奘取经图像中，榆林窟是保存最多、最早且最精美的。为了每天都能看到玄奘取经图，在老局长退休之后，我毅然辞去了主任的职务，考进了敦煌研究院，成为榆林窟的一名讲解员。

在榆林窟守窟多年来，每天能对着千年前的壁画讲述玄奘的故事是十分幸福的。后来，我参与敦煌研究院的"敦煌石窟内容总录"学术项目，整理榆林窟内容总录的时候，玄奘成为我最关注的部分。最开心的是，我在榆林窟守窟期间新发现了一幅玄奘取经图 ①，为学术研究提供了新材料。这或许就是玄奘对我的一次激励，让我怀着自豪的情绪继续深入玄奘的研究之中。

多年来，因为对玄奘的研究，玄奘已经深深嵌入到我的生命之中。《海贼王》里的希鲁鲁克告诉乔巴：人只有被遗忘时，才是真正的死亡。玄奘大师逝世已逾千年，只要我还在自己的人生中讨论他、研究他、思念他，我知道，我的生命便是玄奘生命的延续。

---

① 邢耀龙：《榆林窟发现西夏第7幅玄奘取经图》，《西夏学》2021年第2期，第260—272页。

作为一个还算是年轻的人，我很愿意把自己打造成一个容器，用来承载那些先贤的故事，背着他们再往前走个几十年。然而，作为一个学习历史的人，我深知自己碳基生命的界限，那么，什么才是长生不老的良药呢？那就是文字。

是的，唯有文字才是最坚固的容器，才能带着玄奘的生命穿越历史的长河。当然，要保证玄奘生命的延续，只有把他的故事投射进尽可能多的人的生命中，才能实现代际传承。因此，我把玄奘的故事写成这本书，文字最终的目标只有一个，那就是抵达读者。我希望你能在某个柔和的灯光下读到它，因为只要我们讨论一次玄奘，想念一次玄奘，玄奘的生命就会磅礴一分。

附　录

玄奘年表

时间	玄奘经历	历史事件
600年	陈祎出生。	杨广成为太子，李道宗出生，隋朝名将史万岁因杨素陷害而被杀。
604年	二哥陈素这一年左右出家。	隋文帝逝世，隋炀帝登基，开始营建东都洛阳。
609年	父亲逝世，二哥陈素带陈祎前往净土寺生活。	隋炀帝西巡，击败吐谷浑，在张掖举行万国博览会；北周宣武帝皇后杨丽华和东突厥可汗启民可汗逝世。
612年	隋炀帝派郑善果选僧，玄奘成为皇家供养僧。	隋炀帝第一次出征高句丽，华容公主下嫁高昌王麴伯雅。
618年	玄奘与二哥离开洛阳，前往长安逃难。	隋炀帝自缢，李渊在长安称帝，建立唐朝。
619年	玄奘穿越蜀道前往益州。	唐朝制定租庸调制度。
622年	玄奘离开益州，在荆州天皇寺讲《摄论》《毗昙》。	突厥颉利可汗寇边；穆罕默德走出麦加，在麦地那建立政教合一的伊斯兰教国家。
623年	玄奘寻访天下名师，在相州、赵州等地游学。	佛教三论宗创始人吉藏圆寂。
624年	玄奘回到长安。	武则天出生。
627年	玄奘逃出长安，开启取经之路，先后经过秦州、兰州、凉州、瓜州、伊吾等地。	唐太宗李世民登基；麦地那军队在壕沟之战中击败拜占庭。
628年	玄奘进入西域和中亚，先后经过高昌、龟兹、葱岭、碎叶城、怛罗斯和粟特地区等地，与高昌王麴文泰结拜为兄弟。	东突厥突利可汗降唐；西突厥叶护可汗被杀。

时间	玄奘经历	历史事件
629年	玄奘取经经过迦毕试国、那揭罗喝国、犍陀罗国、乌仗那国、迦湿弥罗国等国。	房玄龄、杜如晦拜相。
630年	玄奘取经经过半笯嗟国、曷逻阇补罗国、磔迦国、屈露多国、设多图卢国、波理夜呾罗国、秣菟罗国等国。	唐太宗称天可汗；唐军灭东突厥，俘颉利可汗。
631年	玄奘取经经过秣底补罗国、羯若鞠阇国、阿逾陀国、阿耶穆佉国、侨萨弥国、室罗伐悉底国、劫比罗伐窣堵国、摩揭陀国等国，最终抵达那烂陀寺。	阿拉伯帝国著名的"代表团之年"。阿拉伯半岛各地纷纷派代表团来访，表示愿意接受穆罕默德的领导，皈依伊斯兰教信仰。
632—636年	那烂陀寺学习。	632年，穆罕默德逝世；635年，唐高祖李渊逝世，唐朝灭吐谷浑国。
637—639年	玄奘游学南印度。	637年，武则天入宫成为才人；638年，唐军击败吐蕃，阿拉伯军队攻克基督教圣地耶路撒冷；639年，唐军出击高昌。
640年	玄奘回到那烂陀寺。	文成公主入藏；唐灭高昌，于交河城设置安西都护府；埃及被阿拉伯帝国征服。
641年	戒日王举办无遮大会，玄奘名震五印度，参会后准备返回唐朝。	唐朝册封百济王；书法家欧阳询逝世；拜占庭帝国希拉克略王朝开国皇帝希拉克略逝世。
642—643年	玄奘回程经过中亚。	643年，唐太宗第一次亲征高句丽无功而返；画凌烟阁功臣像；废李承乾，立晋王李治为皇太子，魏徵逝世。
644年	玄奘得知高昌被灭之事，取道向南抵达于阗，向唐太宗上表。	唐太宗第二次出征高句丽。

时间	玄奘经历	历史事件
645年	玄奘经过河西走廊，抵达长安，后在洛阳与唐太宗相见。	唐太宗下诏从高句丽班师；李大亮病逝。
646年	玄奘完成《大唐西域记》，开始翻译《瑜伽师地论》。	日本大化改新开始。
647年	慈恩寺建成，玄奘翻译《道德经》	王玄策出使天竺；戒日王逝世；唐太宗三征高句丽；唐军出击龟兹国。
648年	玄奘完成《瑜伽师地论》，太宗为玄奘写《大唐三藏圣教序》。	阿史那·贺鲁降唐；房玄龄逝世；王玄策借兵平定天竺叛乱。
649年	玄奘弟子辩机因与高阳公主私通被杀。	唐太宗李世民逝世；李靖逝世。
652年	大雁塔建成。	阿拉伯帝国彻底取代萨珊王朝，在伊朗高原建立政权。
655年	宫中尚乐奉御吕才对玄奘所译《因明论》《理门论》提出质疑，引发论战。	武则天被立为皇后。
656年	玄奘为薛夫人授戒，为皇子李显剃度。	唐高宗废太子李忠为梁王，改立武后之子代王李弘为太子；哈里发奥斯曼遇刺身亡。
657年	奉旨伴驾洛阳住积翠宫，前往故乡与姐姐扫墓祭祖。	唐高宗以洛阳宫为东都；唐朝灭西突厥，沙钵罗可汗被俘。
658年	二月随驾返回长安，住慈恩寺七月奉旨移住西明寺疗养。	迁安西都护府于龟兹；尉迟敬德、褚遂良逝世。
659年	由西明寺迁居玉华寺，在此译经五年。	武后杀长孙无忌，控制唐朝政治。
664年	二月初五圆寂于玉华寺。	武后垂帘听政。